Σ BEST シグマベスト

大学入試

総合型選抜
学校推薦型選抜
一般選抜

最速で合格をつかむ 小論文の書き方

今道琢也

文英堂

はじめに

　私は、大学入試をはじめとしたさまざまな小論文の書き方を指導していますが、受験シーズンが近づくと、このような声をよく耳にします。

　学校推薦型選抜や総合型選抜が広がる中で、**小論文対策はますます重要になっています**。もちろん、一般入試で小論文を取り入れている大学もあります。

　一方で、**多くの受験生が小論文を苦手としています**。その理由は、学校で小論文について教わる機会が少ないということにあるようです。小論文は、5教科のように正規の授業に組み込まれているわけではありませんし、国語の勉強とも違います。受験生が「何をどう書いたらよいのかわからない」「ほとんど教わっていない」と不安になるのも当然です。

　小論文の書き方については、教える側も含めてさまざまな誤解があります。いわゆる「小手先のテクニック」に惑わされている人が多く、**「小論文の本質とは何なのか」**が理解されていません。自己流の間違った方法で書いていると、いつまでたってもよい答案になりません。

　私は、これまで何千人という生徒を指導してきましたが、その中で、受験生がどこでつまずくのか、どうすれば書けるようになるのかが、はっきりと見えてきました。**この本では、そのノウハウを一挙に公開します。**

この本は、誰でも確実に小論文が書けるように、次のような特長をもたせています。

☑ 「小論文を書くのはまったく初めて」という人でも確実に理解できるように、**初歩的なことから解説しています**。「そもそも小論文とは何か」「どういう手順で書くのか」「どのような答案が評価されるのか」など、基礎の基礎から小論文の書き方が身につきます。

☑ 全国の大学の小論文の問題を分析し、**「出題されやすい３つのパターン」**に分類しています。学部・学科を問わず、ほとんどの出題はこの３パターンに収まるので、その書き方を身につけておけば、小論文対策は万全です。

☑ **「イマイチ答案例」**と**「バッチリ答案例」**を示しているので、ありがちな失敗と、どのような点に気をつければよい答案を書けるのかが、すぐにわかります。

☑ 答案を書くときの準備段階である、**「下書き」例**を多数掲載しています。設問と解答例だけを見ても、小論文の書き方は身につきません。設問を見てから答案を書き上げるまでに、どういう準備をすればよいのか、**「下書き」**によって途中経過がわかるようにしています。

これまでの小論文指導の経験をもとに、**「大学受験 小論文参考書の決定版」**と言えるものを書き上げました。この本を存分に活用して、志望校合格を勝ち取ってください。

「ウェブ小論文塾」代表　今道琢也

この本の特長

その1
あらゆる形式の小論文の書き方が最速でわかる！

　総合型選抜・学校推薦型選抜・一般選抜で出題される小論文の書き方をゼロからていねいに解説しています。「問題文のみ」の出題形式から「課題文つき」「図表つき」の出題形式にステップアップしていくので、無理なく入試レベルに到達できます。

　「傍線部の説明」や「要約」などの問題の答案作成方法も解説しているので、あらゆる形式の問題の解き方が最速でわかります。

その2
「典型的な失敗」を知って、あるあるミスを回避できる！

　多くの受験生がついついやってしまいがちなミスを「ありがち失敗答案」の形で10例挙げ、それぞれのミスの原因をていねいに説明しています。典型的なミスのパターンをあらかじめ知っておくことで、「あるあるミス」を回避できます。

その3
「イマイチ答案例」と「バッチリ答案例」を比較できる！

改善のポイントを示しています

イマイチ答案例

　健康寿命の延伸は本人の幸福感を高めると同時に、医療費の負担軽減にも資することであり、積極的に取り組んでいくことが必要である。

　まず、行政が中心となって高齢者向けの運動教室の開催に取り組む必要がある。公民館や市民ホールなどにスポーツトレーナーを招き、高齢者向けの運動メニューを紹介していくことが必要だ。たとえば、自宅でできる運動や体操メニュー、仲間とできる軽い運動などを伝え、その普及に取り組んでいく必要がある。……

バッチリ答案例

　健康寿命の延伸は本人の幸福感を高めると同時に、医療費の負担軽減にも資することであり、積極的に取り組んでいくことが必要である。

　まず、行政が中心となって高齢者向けの運動教室を開催すべきだ。公民館や市民ホールなどにスポーツトレーナーを招き、高齢者向けの運動メニューを紹介していくとよい。たとえば、自宅でできる運動や体操メニュー、仲間とできる軽い運動などを伝え、その普及に取り組んでいくことが求められる。……
　▲文末の表現を変えている

改善が必要な**「イマイチ答案例」**と、高評価が期待できる**「バッチリ答案例」**を掲載しています。両者を比較することで、どこをどのように改善すればよいのかが一目でわかります。

その4
「下書き」例があるから、答案を書く過程が見える！

考えたことを「下書き」にまとめていく様子がわかります

---

1 問われていること①

資料から、高齢者の生きがいに関してどのようなことがわかるか

資料からわかること（＝具体例）

- 情報機器を活用している高齢者は、生きがいを「十分・多少感じている」と答えた人の割合が、80〜90％ new!
- 情報機器を使わない高齢者は、生きがいを「十分・多少感じている」と答えた人の割合が、50％程度 new!
- 情報機器を使わない高齢者は、生きがいを「あまり感じていない・まったく感じていない」と答えた人の割合が、40％超 new!

グラフの分析を書き込むときには、**「数値」**も適度に盛り込むようにします。ただし、あまり細かく数字を取り上げるときりがないので、要点だけを押さえます。

これをもとに**「主張」**を考えてみましょう。先ほど分析した数値からはどのようなことが言えるでしょうか。これが、「高齢者の生きがいに関してどのようなことがわかるか」の答えにあたる部分になります。

情報機器を使用している人は「生きがい」を感じている割合が高く、使用していない人は「生きがい」を感じている割合が低いことがわかります。

資料の特徴を端的にまとめることができましたね。これを**「主張」**として、「下書き」に書いていきましょう。

先生のアドバイスをもとに
答案に書く「材料」を考えていきます

---

1 問われていること①

資料から、高齢者の生きがいに関してどのようなことがわかるか

資料からわかること（＝具体例）

- 情報機器を活用している高齢者は、生きがいを「十分・多少感じている」と答えた人の割合が、80〜90％
- 情報機器を使わない高齢者は、生きがいを「十分・多少感じている」と答えた人の割合が、50％程度
- 情報機器を使わない高齢者は、生きがいを「あまり感じていない・まったく感じていない」と答えた人の割合が、40％超

主張

- 情報機器を使用している人は「生きがい」を感じる傾向にあり、使用していない人は「生きがい」を感じる度合いが相対的に低い傾向にある new!

1つ目の「ボックス」の材料はこのくらいで十分でしょう。

このあとは、「問われていること②」の**「その理由について自分の考えを述べる」**について、材料を集めます。

なぜ情報機器を使っている人は「生きがい」を感じる傾向にあり、使っていない人はそうではないのでしょうか。これはグラフには書かれていないので、自分で考えます。

高齢になると、外出の機会が減りがちですし、1人暮らしの高齢者も少なくありません。そうした中で、情報機器を使うとどのようなことができるでしょうか？

新しくつけ加えた内容には
\new!/ のアイコンがついています

答案を書く準備段階である、**「下書き」例**を多数掲載しているので、材料を集めながら最終的に答案にするまでの「途中経過」がわかります。

*本書に登場する「答案例」は、著者のこれまでの指導経験に基づいて作成したモデルであり、実際の生徒の答案とは異なります。また、「採点者」のコメントも、大学の入試関係者が答案を採点する観点をもとにオリジナルで作成したものです。

はじめに 2

この本の特長 4

巻頭特集　小論文の常識をアップデートしよう 10

PART 1 必ずマスターしたい！ 小論文を書く「手順」

LECTURE「文章の型」を覚えるのではなく、
書くための「手順」を身につける 20

1　小論文を書く「手順」を身につける 24

2　知っておこう　答案を書くときに気をつけたい基本事項 42

3　わかりやすく、正しい表現にするために 47

PART 2 やってはいけない！ありがち失敗答案10のパターン

| **LECTURE** 失敗例から学び、答案作成にいかす | 52 |

1 抽象的な言葉ばかりで、具体的に書けていない ……………………… 54

2 いろいろな内容を盛り込みすぎて、話が絞れていない ……………… 57

3 自分のことを聞かれているのに、
　他人事のような書き方をしている ……………………………………… 60

4 問題文を理解せずに答えを書いている ………………………………… 63

5 主張がはっきりしない …………………………………………………… 66

6 字数配分が極端すぎる …………………………………………………… 69

7 同じような内容が並んでいる …………………………………………… 72

8 段落分けが適切にできていない ………………………………………… 75

9 一文が長すぎる …………………………………………………………… 79

10 文末がワンパターン ……………………………………………………… 82

PART 3 小論文を書いてみよう① 問題文のみの出題

LECTURE 「問題文のみの出題」で基礎固めをする ················· 86

1 インターネット利用のリスクへの対処法 ················· 88
2 高校の運動部の活動に時間の上限を設けるべきか ················· 102
3 現代に生きる我々が歴史を学ぶ意義は何か ················· 115

PART 4 小論文を書いてみよう② 課題文つきの出題

LECTURE 「課題文つきの出題」は大学入試小論文の要 ················· 130

1 科学的に安全が証明されているとはどういうことか ················· 132
2 自分と異なるタイプの人と友人になるべきか ················· 145
3 これからの医療や福祉の在り方について、どうなったらよいと考えるか ··· 167
4 グローバリゼーションについて、あなたの意見を述べなさい ················· 180
5 体罰と指導の違いをどう考えるか ················· 201

PART 5 小論文を書いてみよう③ 図表つきの出題

LECTURE 「図表つき」の問題の解き方を知って、
すべての出題パターンをマスターしよう ·················· **216**

1 高齢者の生きがいに関して、考えを述べなさい ················· **218**

2 わが国の食料供給に関して、課題点と解決策を述べなさい ················· **228**

3 高齢化の推移と将来推計を見て、課題点と対処法を述べなさい ······· **244**

4 これからの「共食」について、自由に論じなさい ················· **258**

本書の著者から直接指導が受けられる！「ウェブ小論文塾」のご紹介 ··· **270**

最新の
入試傾向がわかる！

//////// 別冊 頻出テーマ・キーワードブック ////////

1 日本が直面している問題
2 環境問題
3 学部を問わず出題されやすいテーマ
4 教育系の学部で出題されやすいテーマ
5 医療・福祉系の学部で出題されやすいテーマ

小論文の常識を
アップデートしよう

「小論文」とは何か?

　まず、基本の基本から確認していきましょう。そもそも、**「小論文」とは
どのようなものなのでしょうか**?

　「小論文」から「小」をとると、「論文」です。ですから、「論文のミニバー
ジョン」と理解しておけばよいでしょう。

　「論文」とは、専門家が、自分の研究成果や発見をまとめて、学術誌や専
門誌などに掲載する文章のことを指します。

　たとえば、大学の医学部の先生であれば、「こういう新しい治療法を試し
てみたら、このような効果があった」といったことを、論文にまとめて学術
誌に発表します。そうすることで、他の先生たちが、その治療法の妥当性・
有効性を検証することができます。

　また、文学部の先生ならば、「平安京の庶民の生活を詳しく調べたところ、
このような特徴が明らかになった」といったことを、論文にまとめて発表し
ます。それによって、他の研究者に新たな知見や研究のヒントを提供するこ
とができます。

　このように、「論文」によって、学術や各種専門分野が進歩していきます。
大学では、こうした新しい理論や技術を発見することを目的に研究活動を行
っています。

そこで、大学受験では論文のミニバージョンである「小論文」を書かせ、受験生が大学で研究できるだけの力があるかを見るのです。

ミニバージョンとはいえ、「小論文」も「論文」も、書き方の本質的な部分は同じです。その本質を一言で言い表すと、**「自分の主張を、論理的に、読み手が納得できるように書く」**ということです。

この定義を 2 つに分解すると、次のようになります。

- **自分の主張を**

- **論理的に、読み手が納得できるように書く**

以上の 2 つが「小論文」の重要な要素です。それぞれについて、さらに詳しく考えてみましょう。

小論文には必ず「自分の主張」が入る

「小論文」には**「自分の主張」**が必要です。**「私はこう考える」**という部分がこれにあたります。
次の例を見てください。

① 政府は、消費税率を引き上げる必要があると言っている
② 筆者は、消費税率を引き上げる必要があると述べている
③ 私は、消費税率を引き上げるべきだと考える

①と②には、「自分の考え」が入っていません。①は政府の方針を、②は筆者の意見を、それぞれ「引用」しているだけです。これは、「自分の主張」ではありません。③のように書くことで、はじめて「自分の主張」と言える

ものになります。このように、**小論文では、「私はこう考える」という、「自分の主張」が必要です**。答案を書くうえで、ここが最も大事な部分になります。

「自分の主張」の例としては、以下のようなものが挙げられます。

- **私は、筆者の考えに賛成である**
- **私が高校時代に最も頑張ったことは、野球部での活動である**
- **私は、地球温暖化防止のために国際的な協力が重要だと考える**

この3つには、いずれも、「私はこう考える」という「自分の考え」が示されています。主張内容はそれぞれ異なりますが、小論文には、このような「自分の主張（＝私はこう考える）」が根本にあります。まずは、このことを頭に入れておきましょう。

小論文は「論理的」でなければいけない

続いて、もう1つの要素である**「論理的に、読み手が納得できるように書く」**についても考えてみましょう。「自分の主張」が書けていても、「論理的」に、読み手が納得できるように書いていなければ、「小論文」にはなりません。

たとえば、

- **「私は、大都市から地方への移住を推進すべきだと考える」**

という「主張」があったとします。これはしっかりした「自分の主張」です。

しかし、これを、

● 「私は、大都市から地方への移住を推進すべきだと考える。なぜなら、大都市は家が狭くて窮屈だからだ」

と書いてしまったら、読み手は納得しません。

「家が狭くて窮屈」とは思わない人もいますし、「窮屈でも、便利に暮らせるからいいじゃない」と思う人もいます。

ここに書いてあることは **「感情レベル」の意見**に過ぎないのです。これでは、読み手は納得してくれません。

それでは、次のように書いたらどうでしょうか。

● 「私は、大都市から地方への移住を推進すべきだと考える。なぜなら、大都市は人口が密集する一方、地方は人口減少で衰退しているからだ。このままいけば、地方の経済は成り立たなくなる。また、もし大都市で大災害が起きれば、人口が密集している分、大きな被害が出ることになる。今のままでは国全体のリスクが大きい」

こう書いたら、「大都市から地方への移住を推進すべき」という主張に、かなりの数の人が納得してくれるでしょう。「地方は人口減少で衰退している」「地方の経済は成り立たなくなる」「もし大都市で大災害が起きれば、人口が密集している分、大きな被害が出る」「国全体のリスクが大きい」というように、**「事実」**や**「理屈」**によって相手を説得しようとしています。

もちろん、「別に地方がどうなってもいいじゃないか」「大災害が起きたら、そのときに考えればいいじゃない」と思う人もいるでしょう。しかし、大部分の人は「たしかにそうだ」という反応になるか、あるいは、賛成まではしてくれなくても「私は違う意見だけど、あなたの言うことも一理あるね」と思ってくれるでしょう。このように、**「小論文」を書くためには、感情レベルではなく、「論理」で納得させなければいけません。**

小論文の3つの出題パターン

　大学入試の小論文の出題形式は、大きく分けると3つのパターンがあります。

- 問題文のみの出題
- 課題文つきの出題
- 図表つきの出題

　「問題文のみの出題」は、最も基本的な出題です。たとえば、「歴史を学ぶ意義について述べよ」「代理出産についてあなたの考えを述べよ」など、**問題文だけで構成されているもの**です。

　「課題文つきの出題」は、**課題文があり、それをもとに答えさせる問題**です。たとえば、新聞記事などを読ませたうえで、「この記事を読んであなたが考えたことを述べよ」といった出題です。大学入試では、この形式での出題が多く見られます。

　「図表つきの出題」は、**グラフや表などがつけられている問題**です。1つまたは複数のグラフを提示し、「グラフから読み取れることを述べよ」といった問題が出されます。課題文と図表がセットで出題される場合もあります。

　それぞれの出題パターンによって、注意すべき点が多少違ってきます。この本では、以上の3パターンについて、答案の書き方を詳しく解説します。

小論文ではないのに、「小論文」という試験科目になっていることもある

ただし、ここで少し注意しなければいけない点があります。

大学入試の「小論文」では、**どう考えても「小論文」とは言えない問題が出ているケースがある**ということです。

たとえば、「小論文」の試験なのに、英語の課題文を出して、下線部の英文和訳をさせたり、英文法の穴埋め問題が出てきたりといったケースがあります。こうした問題は、英語の能力を測るためのものであって、もちろん「小論文」とは言えません。

あるいは、課題文を出して、傍線部の解釈を求めたり、筆者の主張を説明させたりする問題があります。これも、「小論文」とは言えません。

たとえば、課題文の中に「高校の部活動のあり方には問題が多い」という傍線部があったとしましょう。これに対して、「傍線部はどういうことを意味しているのか、50字以内で述べよ」「筆者が傍線部のように述べる理由を、わかりやすく説明せよ」といった問題が出たとします。この場合、「高校の部活動のあり方」についてどう考えるかという「自分の主張」は問われていません。課題文の筆者がどう考えているかを読み取って答えます。こういう出題は、「小論文」ではなく、本来は**「現代文の記述式の問題」**です。

先ほど、小論文には「自分の主張」を書く必要があると説明しましたが、このような出題は、本来の意味での「小論文」ではないので、「自分の主張」が入る余地はありません。大学によっては、「小論文試験」で数学や物理の問題を解かせることもあるなど、「小論文」とはかけ離れた出題も存在します。

本来の意味での「小論文」とは、「自分の意見・考え」を論じさせるものです。

たとえば、

- 「筆者の意見についてどう考えるかを述べよ」
- 「〜について自分の考えを述べよ」
- 「〜に関して論じよ」

このような問い方をしているものが本来の意味での「小論文」の出題です。

ただ、現実には、**多くの大学で、「小論文とは言えない問題」と「小論文の問題」を複合的に組み合わせて出題しています。**

たとえば、

- 設問1：英文和訳（＝英語の問題）
- 設問2：英文法の穴埋め問題（＝英語の問題）
- 設問3：英語の課題文に対して自分の意見を書く問題（＝小論文の問題）

というものや、

- 設問1：課題文の傍線部の意味を説明する問題（＝国語の記述式の問題）
- 設問2：筆者が傍線部のように述べる理由を説明する問題（＝国語の記述式の問題）
- 設問3：課題文に対して自分の意見を書く問題（＝小論文の問題）

といった出題形式がこれにあたります。一度、自分の志望校の過去問題を見て、どういう出題になっているのかを分析しておいてください。

なお、この本では、 PART 4 の中で、このようなタイプの問題を取り上げています。

小論文の採点基準はどうなっているの?

　小論文には、英語や数学のように明確な解答が存在しないため、何を基準に採点しているのか疑問に思う人もいるでしょう。しかし、適切な能力をもった採点者が答案を読めば、評価はほぼ同じになります。たとえば、ある人が70点をつけた答案に、別の採点者が50点をつけるというようなことはまずありません。小論文には重要な評価ポイントがいくつかあり、それにもとづいて採点すれば正確に答案の評価を出せるのです。

　小論文の採点のポイントには、以下の4つの要素が含まれます。

- 問題の指示に従って書いているか
- 話の筋道が通っていて、なおかつ具体的であるか
- 課題文・図表などの資料を正しく理解できているか
- 原稿用紙の使い方や日本語表現が適切であるか

　細かい採点基準は各大学によって違うでしょうが、最大公約数をとれば、この4つくらいになるでしょう。

　1つ目の**「問題の指示に従って書いているか」**は、当たり前のことのように思えますが、私の経験上、**半分以上の人ができていません**。たとえば、「学校教育の問題点と解決策について述べよ」という指示になっているのに、「問題点」だけ書いて「解決策」はほとんど書いていないといったケースです。問題の指示に従って書いていなければ、当然、大幅な減点になります。

　次に、2つ目の**「話の筋道が通っていて、なおかつ具体的であるか」**についてです。答案は**最初から最後まで筋を通して書く**ことが大事です。途中で話が横道にそれたり、最初と最後で話が違っていたりする場合は減点

されます。また、**読んでいる人の頭にイメージがはっきり浮かぶように具体的に書けている**と、納得感が高まり、よい評価となります。

　3つ目の**「課題文・図表などの資料を正しく理解できているか」**も、大事なポイントです。**課題文や図表などが出てくる場合には、その内容を正確に理解し、答案の中でうまく活用できていなければなりません。**課題文や図表の内容を正確にとらえられていなければ、それ自体が減点の対象となります。

　4つ目の**「原稿用紙の使い方や日本語表現が適切であるか」**は、**答案の形式面についての評価**です。段落の冒頭は1字あけてから書き始めるなどのルールを守れているか、また、日本語としておかしなところがないか、誤字脱字はないかといったところを見られています。

　答案を書く際には、この4つのポイントに気をつけるようにしましょう。具体的な書き方については、本編で詳しく解説します。

必ずマスターしたい！
小論文を書く「手順」

評価される小論文を書くには、
「文章の型」を覚えるのではなく、
書くための「手順」を身につける必要があります。
この章では、例題をもとに、
小論文を書く「手順」を詳しく説明していきます。

「文章の型」を覚えるのではなく、書くための「手順」を身につける

小論文における「文章の型」の誤解

　私の塾の生徒さんから、「小論文は『文章の型』を覚えれば書けると聞いたので、型を教えてください」と言われることがあります。しかし、これは危険な考えです。なぜなら、**「文章の型」にあてはめて書くだけでは、大学入試の問題には対応できない**からです。私は、生徒には「文章の型」はいっさい教えていません。小論文試験を突破するために必要なのは、「文章の型」ではなく、**「問題を読み解き、それに沿って答案を構成する力」**です。

　一般的な「文章の型」には、「起・承・転・結」の四段構成や、「序論・本論・結論」の三段構成などがありますが、こういった「文章の型」を覚えて対処できるのは、特定の出題パターンだけです。

　たとえば、「あなたの関心のある社会問題を取り上げて、その解決策を述べなさい」という非常に単純な出題であれば、次のように「序論・本論・結論」の形で答案を書くことができるでしょう。

- **序論(＝問題提起)**
  - 例　私の関心のある社会問題は、子どもの貧困の問題だ
- **本論(＝本題・主張の核心部分)**
  - 例　問題の解決のためには、こういうことをすべきだ……
- **結論(＝この答案で言いたいことのまとめ)**
  - 例　子どもの貧困を解消するための社会的支援が必要である

　しかし、**大学入試の出題は、非常に多種多様で複雑なため、このよう**な単純な型では対処しきれないことが多いのです。

　たとえば、次のような問題があったとしましょう。

●「日本の社会保障費が増大し続けている背景を考察し、今後取り得るべき対策を2つ示しなさい。それぞれのプラス面とマイナス面を指摘したうえで、あなた自身は特にどちらの対策を進めるべきだと考えるか、述べなさい」

　こういう問題の場合には、「起・承・転・結」のような「文章の型」は意味をなしません。「起」には何を書いて、「承」には何を書いて、「転」には何を書いて……という発想で考えていると、先に進むことができません。「序論・本論・結論」という型にもあてはめることができません。

　このような複雑な問題に答えるためには、**問題文を分解する**必要があります。「問題文を分解する」とは、**その問題文の中で問われていることがいくつあるのかを確認し、書くべき内容を整理する**ことです。先ほどの問題文を分解して、問われている要素に分けると、次のようになります。

①日本の社会保障費が増大し続けている背景を考察する
②今後取り得るべき対策を2つ示す
③それぞれのプラス面とマイナス面を指摘する
④特にどちらの対策を進めるべきだと考えるかを述べる

　さらに、「②」では、対策を2つ示すという指示があり、「③」では、それぞれのプラス面とマイナス面を指摘するという指示があります。
　これらを踏まえて、書くべき要素を整理すると、次のようになります。

①日本の社会保障費が増大し続けている背景を考察する

……(A)

②今後取り得るべき対策を2つ示す
 ・対策1……(B)
 ・対策2……(C)

③それぞれのプラス面とマイナス面を指摘する
 ・対策1のプラス面……(D)
 ・対策1のマイナス面……(E)
 ・対策2のプラス面……(F)
 ・対策2のマイナス面……(G)

④特にどちらの対策を進めるべきだと考えるかを述べる

……(H)

　先ほどの出題に正確に答えるには、上記の(A)〜(H)をすべて書いていく必要があります。「起・承・転・結」や「序論・本論・結論」では、まったく対処できないことがわかりますね。

　やや極端な想定で考えてみましたが、程度の差はあれ、このような「文章の型」で対処できない問題が、大学入試ではいくらでも出題されています。**「文章の型」を覚えたら書けるという考え方では応用がきかず、文字通り、「型にはまった文章」しか書けなくなる**ので、注意が必要です。

　ただし、「文章の型」がまったく役に立たないというわけではありません。文章を書き慣れていない人に「入門編」として教える際には有効です。何をどう書いたらよいのかわからない段階では、基本的な書き方を知っておくことで、文章が書きやすくなります。

　しかし、大学入試レベルになると出題が複雑になってくるため、それだけでは対処できないことがしばしばあります。そのため、この本では、**どのような出題にも対応できるように、「問題を理解して、答案構成を考える」こと**を重視します。

小論文を書くときの基本的な「手順」

　小論文を書くうえで知っておきたいのは、書き方の **「手順」** です。「手順」をしっかりと身につけておけば、どのような問題が出されたとしてもスムーズに答案を書くことができます。

　小論文を書くときの基本的な「手順」は、次の通りです。

1　問われていることを理解する（問題文の分解）

2　大まかな構成を考える

3　「主張」を設定する

4　「理由」や「具体例」で補強する（なぜ、たとえば、どのように）

5　文章としてまとめる

　最初にやるのは「1」です。問題で問われていることがあって、それに答えるわけですから、これは当然です。しかし、意外にも、この「1」ができていない人が多いのです。

　次に、「1」をもとに、「2」の作業を行います。どういう順番でどういうことを書けばよいのか、答案の大まかな構成を考えます。

　構成が固まったら、「3」に進みます。答案で書くべき要素ごとに、「主張」を設定します。

　そして、「4」では、「主張」を裏付けるための「理由」や「具体例」を集めて補強します。

　最後に「5」の作業を行い、答案を完成させます。

　PART 1 では、例題をもとに、答案を書く「手順」を詳しく説明します。

1 小論文を書く「手順」を身につける

どのような問題が出てもスムーズに対処できるように、小論文を書くための「手順」を確実に身につけましょう。

「手順」に沿って小論文を書いてみよう

先の [LECTURE] で示した、**小論文を書くときの「手順」**を、もう一度確認しておきます。

1　**問われていることを理解する**(問題文の分解)

2　**大まかな構成を考える**

3　**「主張」を設定する**

4　**「理由」や「具体例」で補強する**(なぜ、たとえば、どのように)

5　**文章としてまとめる**

この手順に沿って、実際に小論文を書いてみましょう。

問題

AIが社会にもたらす変化を1つ挙げ、その変化に私たちはどのように対応していくべきか、考えを述べなさい。 700字程度

1 問われていることを理解する（問題文の分解）

まず、**問われていることを理解するところから始めます。**

この問題で書くように指示されていることは、いくつあるのかを考えていきましょう。「問われていること」は、1つの場合もあれば、複数の場合もあります。

「問われていること」を整理するときには、問題文の中の「～述べよ」「～を示せ」「～を挙げ」「～について考察し」などの表現に注意します。このような、**「何かの作業をするように促している表現」**に着目すると、整理しやすくなります。問われていることを抜き出して、箇条書きで整理してみましょう。すると、今回の問題は、以下の要素に分解できることがわかります。

① AIが社会にもたらす変化を1つ挙げる

②その変化に私たちはどのように対応していくべきか、考えを述べる

この問題では、上記の2点に答えることが必要です。この2点にきちんと答えられれば**合格点**です。逆にこの2点に答えられていなければ、どんなによいことが書いてあっても、**不合格**です。

この問題の場合は、「問われていること」の整理は、比較的簡単でした。しかし、問題文が複雑になってくると、この作業だけでもかなり難しいことがあります。そうした場合には、問題を何度も読むようにしましょう。

2　大まかな構成を考える

　次に、**「問われていること」** をもとにして、**答案の大まかな構成を考えていきます。**

　この段階から、答案の **「下書き」** を作ります。いきなり解答を書くと、途中で話がそれたり矛盾したりすることがあるので、まずは「下書き」を作るようにします。「下書き」を作りながら、「はじめにこういうことを書いて、次にこういうことを書く」というように、**答案に書く内容を整理していく**のです。このときに、「何から書き始めたらよいのだろう」と、考え込んでしまう人がいますが、**問題で問われている順番の通りに書けばよいのです。**それが一番書きやすいですし、読み手にも伝わりやすくなります。

　今回の場合には、次のような構成になります。

1　問われていること①

AIが社会にもたらす変化を1つ挙げる

2　問われていること②

その変化に私たちはどのように対応していくべきか、考えを述べる

　なお、これらに加え、最後に **「全体のまとめ」** の段落をつけることもあります。「全体のまとめ」は、なくてもよい場合もあります。少ない字数（400字以下）で書くのであれば、特につける必要はないでしょう。400字を超えるようであれば、文章の総括としてつけることを検討します。

　今回は700字程度書く必要があるので、「全体のまとめ」をつけることに

しましょう。すると、答案の構成は次のようになります。

1 問われていること①

AIが社会にもたらす変化を１つ挙げる

2 問われていること②

その変化に私たちはどのように対応していくべきか、考えを述べる

3 全体のまとめ

（答案全体を通して言いたいこと）

　これで、答案に書くべき３つの「要素」が決まりました。本書では、上記のような内容のまとまりのことを**「ボックス」**と呼ぶことにします。

　「下書き」を作成する際には、この「ボックス」の中に、材料をどんどん書き込んでいきます。最初に「ボックス」を作っておくと、問われていることを意識しながら作業を進めていけるので、問題の趣旨に合った解答が作りやすくなります。

　次に**字数配分**についても考えてみましょう。この３つは、どれくらいの字数のバランスで書くべきでしょうか？　３つあるからといって、すべてを均等にするわけではありません。答案の中で、何が大事で何が大事でないのかを考えて配分を決めます。

　今回の問題では、「AIが社会にもたらす変化を１つ挙げる」というのは、話のきっかけに過ぎませんから、これを半分も書くということにはならない

でしょう。長くとも全体の3分の1以内にすべきです。2つ目の「その変化に私たちはどのように対応していくべきか」のほうは、解答の中心になると考えられるので、ここに一番多めに字数を配分します。

　最後の「全体のまとめ」については、改めて言いたいことを強調する役割しかありませんから、簡単に書き添える程度になります。

　以上を踏まえると、次のような字数配分のイメージになります。

1 問われていること①

AIが社会にもたらす変化を1つ挙げる

長くても、全体の三分の一以内にします。

2 問われていること②

その変化に私たちはどのように対応していくべきか、考えを述べる

最も多くの字数を割きます。
全体の半分以上は書くようにしましょう。

3 全体のまとめ

（答案全体を通して言いたいこと）

簡単に添える程度でよいでしょう。

3　「主張」を設定する

　答案の大まかな構成と字数配分の目安が決まったら、先ほど設定した3つの「ボックス」の中に、何を書くかを考えます。

　最初にやってほしいのは、**「主張を設定する」**という作業です。「主張」というのは、自分の考えの核心部分です。「問われていること」に対して、**「一言で言えばこうだ」という答えを示します。**これが、その「ボックス」に書くことの核になります。

　まず、「問われていること①」について、「主張」を設定します。ここでは、「AIが社会にもたらす変化を1つ挙げる」ことが求められています。

　このときに注意したいのは、**「主張」は一言でズバッと言い切る**ということです。ズバッと言い切れていない「主張」には、次のようなものがあります。

- **「よい変化もあれば悪い変化もある。また、よい変化の中でも、作業の効率化、生活の快適性の向上、技術の発展など、いろいろなものがある」**

  ? 一言で言い切っておらず、言いたいことがはっきりしない

- **「人間の存在そのものを揺るがすような、人類にとって極めて大きな変化が起きる」**

  ? 曖昧かつ抽象的で、具体的な内容がわからない

　このような書き方をすると、「ボックス」の中に書くことの方向性が決まらなくなり、このあとの作業がうまくいかなくなります。

ですから、

● 「今ある仕事の多くが AI に置き換えられていく」

このように、**一言でズバッと、誰が読んでもわかるような明確な「主張」を挙げます。**

1　問われていること①

AIが社会にもたらす変化を 1 つ挙げる

主張

今ある仕事の多くが AI に置き換えられていく　＼new!／

小論文の問題で問われることはさまざまですが、どのようなことを問われても、「主張」は一言で、ズバッと言い切るようにしてください。

「主張」を一言でズバッと言い切る例

例　「現在の日本が抱える問題とは？」
→ **高齢化により社会保障費が増大し続けていることだ**

例　「課題文を読んであなたが考えたことは？」
→ **私は筆者の意見に賛成だ／反対だ**

このように、自分の「主張」をはっきりさせたうえで、次の作業に移るようにしましょう。

4 「理由」や「具体例」で補強する
(なぜ、たとえば、どのように)

　「主張」は固まりましたが、これはまだ「最初の一歩」です。ここから内容を掘り下げていく必要があります。読んでいる人に納得してもらえるように、**「理由」や「具体例」で補強する**のです。

　この「理由」と「具体例」は、**文章の説得力を生み出すためにとても大切な要素**です。

　日常生活でも、私たちは無意識のうちにこの２つを知ろうとします。

　たとえば、クラスの友達と期末テストのできについて話しているとしましょう。友達が「今回のテストは、かなりできがよかったよ」と言ったとしても、それだけでは話が漠然としすぎていて納得できません。そこで、あなたは「どれくらいよかったの？（＝具体例）」と聞くでしょう。それに対して友達が「英語は80点、数学は90点取れた。順位は20位も上がったよ」と答えたら、「たしかに、かなりいいね」と納得できます。さらに、「どうしてそんなによかったの？（＝理由）」と尋ねるのではないでしょうか。これに対して友達からは「テストに向けて計画的に勉強時間を取ったから。あと、わかりやすい参考書を見つけたから」といった答えが返ってくるでしょう。そこまでわかると、明確で具体的なイメージが浮かぶので、「ああ、そういうことだったんだ」とさらに納得感が深まります。

　このように、**相手を「納得」させるためには、「理由」や「具体例」が必要です。**

　今回の「問われていること①」の「ボックス」には、「今ある仕事の多くがAIに置き換えられていく」という「主張」が入っていますが、これに対して、読み手は「なぜそう言えるの？」「具体的にどんな仕事がそうなるの？」という疑問をもちます。こういう疑問を解消することで、読み手は**「なるほどそういうことなのか」**と納得することができます。

「具体例」は、「主張」と並んで、答案のできを大きく左右します。 すぐにイメージが浮かぶような「具体例」が出せている答案であればよいのですが、そうでない答案では、読み手に「主張」が伝わりません。

たとえば、「今ある仕事の多くが AI に置き換えられていく」という「主張」を補強するための「具体例」を次のように書いたとしましょう。

● **「会社の中の作業を AI がこなす」**

「会社の中の作業」という表現では、読んでいる人の頭の中にイメージが浮かびませんね。会社の中の作業には、営業、経理、広報、お客様対応など、さまざまなものがあります。ですから、ここで、「会社の中の作業って、どういうもの？」と、**自分で疑問を発して、もっと具体的にするようにします。**

たとえば、企業には、顧客からの問い合わせに答えるコールセンターがあります。皆さんも、商品を購入する際などに問い合わせた経験があるのではないでしょうか。このような顧客からの問い合わせに対応するために、以前は、オペレーターを配置することが多かったのですが、現在では、AI が自動で応答することが可能になっています。今後もこのような仕組みが広がっていくことが考えられます。そこで、もう一歩踏み込んで、「具体例」を次のようにしてみます。

● **「コールセンターで顧客の問い合わせに答える仕事を、AI が代替する」**

これくらい具体的な場面を書き込めば、誰が読んでも「確かにそうだね」と理解できます。「会社の中の作業を AI がこなす」という表現では、ぼんやりとしたイメージしかわきませんが、「コールセンターで顧客の問い合わせに答える仕事を、AI が代替する」と書かれていれば、具体的な場面がはっきりと頭に浮かぶはずです。このように、**読んだ人の頭に映像が浮かぶ状態を目指してください。**

　他の例も考えてみましょう。先ほど設定した「主張」では、「今ある仕事の多くが AI に置き換えられていく」と言っているので、もう一例は挙げておきたいところです。

　AI が X 線や CT などの画像データを学習し、病気を見つけられるようになっているという話を聞いたことがあるかもしれません。こうした作業は、これまで人間の目で行っていましたが、AI による自動化が可能と言われています。これもまた、人間の仕事が AI によって置き換えられていく一例です。

　このような具体的な例があることによって、読む人は「なるほど、今後は多くの仕事が AI に置き換えられるのだろう」と納得します。自分の「主張」を、説得力をもって伝えるためには、こうした「具体例」が不可欠です。

　以上を踏まえて、先ほどの「下書き」を次のようにしてみます。

---

1 問われていること①

AIが社会にもたらす変化を 1 つ挙げる

主張

今ある仕事の多くが AI に置き換えられていく

具体的にどうなるの？（＝具体例）

\new!/
コールセンターで顧客の問い合わせに答える仕事を、AI が代替する

\new!/
患者のデータをもとに AI が自動で病気を見つける

　なお、「主張」を補強するには「理由」や「具体例」が必要と言いましたが、今回の場合は、「こういう仕事が AI に置き換えられる」という「具体例」を

書くことで、「今ある仕事の多くが AI に置き換えられていくと言えるのはなぜか？（＝理由)」という疑問にも答えたことになります。

- ●「今ある仕事の多くが AI に置き換えられていくと言えるのはなぜか？」
    - ➡ **「AI の発達で、コールセンターで顧客の問い合わせに答える仕事を AI が代替したり、患者のデータをもとに AI が病気を見つけたりすることが可能になるから」**

　今回の場合は、「具体例」と「理由」の内容が同じなので、「具体例」だけを書けば大丈夫です。必ず両方を書くというわけではありません。

　以上で、1 つ目の「ボックス」の材料を出すことができました。

　このように、「主張」を設定したあとは、**自分で疑問を投げかけて「理由」や「具体例」を書き出していきます。**小論文に「説得力」をもたせるために重要な作業ですので、しっかりと行いましょう。

以降の「ボックス」でも同様の「手順」を踏む

　これ以降の「ボックス」でも、同様に、「主張」を設定し、「理由」や「具体例」で補強する作業を進めます。

　2 つ目の「ボックス」でも、問われていることに対する**「主張」を設定しましょう。**「問われていること②」は、「その変化に私たちはどのように対応していくべきか」でした。
　今ある仕事の多くが AI に置き換えられていくのだとしたら、私たちはどう対応すべきでしょう？　やはり「人間だからこそできる分野の能力を高めていく」必要があるのではないでしょうか。これを、2 つ目の「ボックス」の「主張」として設定します。

② 問われていること②

その変化に私たちはどのように対応していくべきか、考えを述べる

主張

> 人間だからこそできる分野の能力を高めていく ←new!

この「主張」についても、**「理由」**や**「具体例」**を補っていきましょう。

なぜ「人間だからこそできる分野の能力を高めていく」必要があるのでしょうか？　また、具体的にはどのような能力のことでしょうか？　この場合は、「理由」と「具体例」を分けて書いたほうが整理しやすくなりそうですね。それぞれの材料を出していきましょう。

まずは、**「理由」**を考えていきます。どれだけ AI が進歩しても、人間にしかできない仕事が存在します。そうした仕事に就くために、人間にしかない能力を高める必要があります。

次に、人間にしかない能力が必要になる仕事には、どのようなものがあるのかを考えて、**「具体例」**を出していきましょう。まっさきに思い浮かぶのは「対人能力」ではないでしょうか？　対人能力が必要になる仕事の「具体例」の１つに、「カウンセラー」が挙げられます。親身に話を聞き、助言することは AI では代替できないでしょう。

ここまでに考えた「理由」と「具体例」を書き込んでいきます。

2 問われていること②

その変化に私たちはどのように対応していくべきか、考えを述べる

主張

人間だからこそできる分野の能力を高めていく

なぜ？（＝理由）

＼new!／

どれだけ AI が進歩しても、人間にしかできない仕事が存在する。そうした仕事に就くために、人間にしかない能力を高める必要がある

たとえばどのような？（＝具体例）

＼new!／

話を親身に聞き、助言するなどの対人能力を用いるカウンセラー。カウンセリングを受ける人の「誰かに話を聞いてほしい」「誰かに共感してほしい」という思いに応えることは、AI では代替できない

　ただし、これだけでは「具体例」としての説得力が弱いので、別の例をもう１つ挙げてみましょう。

　１つ目の「ボックス」で、「患者のデータをもとに AI が自動で病気を見つける」という「具体例」を出しましたが、AI が進歩したとしても、医師の仕事そのものがなくなるわけではありません。医療分野で、人間でなければできないことにはどのようなものがあるでしょうか？

　たとえば、難しい手術をしたり想定外の事態に対応したりすることは、人間にしかできません。医療の分野では、高度な技術と判断力のある医師が求められます。

　また、患者さんの顔を見ながら病状や治療法などを伝えて納得してもらうことや患者さんの訴えを受け止めて安心させることも、人間でなければできません。コミュニケーション能力も、人間ならではの能力と言えそうです。

　これらを**「具体例」**として書き込んでいきましょう。

たとえばどのような？（＝具体例２）

> \new!/
> 医療の分野では、高度な技術と判断力のある医師が求められる。難しい手術をしたり想定外の事態に対応したりすることは、人間にしかできない

> \new!/
> 患者さんとのコミュニケーション能力。患者さんの顔を見ながら病状や治療法などを伝えて納得してもらうことや患者さんの訴えを受け止めて安心させることも、人間でなければできない

このように、自分自身で具体的な場面を想定しながら、**読んでいる人の頭にイメージが浮かぶように書くことが大事です**。

最後に、３つ目の「ボックス」の内容を考えましょう。

ここでは、全体を通して伝えたい「主張」を書きます。これは「全体のまとめ」なので、長々と書かずに簡単にまとめます。

3 全体のまとめ

（答案全体を通して言いたいこと）

主張

> \new!/
> AI の進歩によって仕事の内容は大きく変わる。人間にこそできる分野の能力を高めていくことが求められる

以上で、それぞれの「ボックス」の材料が集まりました。

5　文章としてまとめる

　それぞれの「ボックス」で、必要な材料を集めることができたら、いよいよ文章としてまとめる作業に入ります。

　ここまでに作成した**「下書き」の全体像**は、次のようになります。

---

1 問われていること①

AIが社会にもたらす変化を１つ挙げる

　　主張

> 今ある仕事の多くが AI に置き換えられていく

具体的にどうなるの？（＝具体例）

> コールセンターで顧客の問い合わせに答える仕事を、AI が代替する

> 患者のデータをもとに AI が自動で病気を見つける

---

2 問われていること②

その変化に私たちはどのように対応していくべきか、考えを述べる

　　主張

> 人間だからこそできる分野の能力を高めていく

なぜ？（＝理由）

> どれだけ AI が進歩しても、人間にしかできない仕事が存在する。そうした仕事に就くために、人間にしかない能力を高める必要がある

たとえばどのような？（＝具体例１）

> 話を親身になって聞き、助言するなどの対人能力を用いるカウンセラー。カウンセリングを受ける人の「誰かに話を聞いてほしい」「誰かに共感してほしい」という思いに応えることは、AIでは代替できない

たとえばどのような？（＝具体例２）

> 医療の分野では、高度な技術と判断力のある医師が求められる。難しい手術をしたり想定外の事態に対応したりすることは、人間にしかできない

> 患者さんとのコミュニケーション能力。患者さんの顔を見ながら病状や治療法などを伝えて納得してもらうことや患者さんの訴えを受け止めて安心させることも、人間でなければできない

③ 全体のまとめ

（答案全体を通して言いたいこと）

主張

> AIの進歩によって仕事の内容は大きく変わる。人間にこそできる分野の能力を高めていくことが求められる

この「下書き」をもとに、文章としてまとめてみます。

　AIが社会にもたらす変化として、今ある仕事の多くがAIに置き換え
≫AIが社会にもたらす変化を１つ挙げる
られることが考えられる。たとえば、企業のコールセンターでオペレー
　　　　　　　　　　　　≫具体的にどうなる?(＝具体例)
ターが問い合わせに答える仕事は、AIに取って代わられる可能性が高い。
また、医師のような専門職においても、AIが患者のデータをもとに病気
を見つけることが考えられる。そうした社会では、人間が行う仕事の種
類が様変わりすることになる。

　このような変化に対応するために、私たちは、人間だからこそできる
≫その変化に私たちはどのように対応していくべきか、考えを述べる
分野の能力を高めていく必要がある。どれだけAIが進歩しても、人間
　　　　　　　　　　　　　≫なぜ?(＝理由)
にしかできない仕事はある。そうした仕事に就くために、自分の能力を
高めなければならない。たとえば、相手の話を親身になって聞き、助言
　　　　　　　　　　　　≫たとえばどのような?(＝具体例１)
するといった対人能力を身につけることで、カウンセラーの仕事に就く
ことができる。単なる受け答えならばAIにもできるだろうが、カウンセ
リングを受ける人は「誰かに話を聞いてほしい」「誰かに共感してほしい」
という思いをもっている。それに応えられるのは人間であり、AIでの代
替は困難だ。また、医師の仕事でいえば、難しい手術は人間だからこそ
　　　　　　　≫たとえばどのような?(＝具体例２)
できる分野である。AIによる手術ロボットも考えられるが、それだけで
は心もとない。想定外の事態が起きても対処できる高度な技術と判断力
のある医師が求められる。他にも、患者さんとのコミュニケーション能
力も欠かせない。患者さんの顔を見ながら病状や治療法などを伝えて納
得してもらうこと、患者さんの訴えを受け止めて安心させることなども、
AIでは代替できないだろう。

　AIの進歩で、仕事の内容が大きく変わると考えられる。私たちは人間
≫全体のまとめ
にこそできることを見極めて、自身の能力を高めていくことが求められ
る。

それぞれの「ボックス」で集めた材料をもとにして、答案を構成しました。

「下書き」を確認しながら書いていけば、問われていることにきちんと答えることができます。

ここで改めて、問題で問われていることを確認してみましょう。

① AI が社会にもたらす変化を1つ挙げる

②その変化に私たちはどのように対応していくべきか、考えを述べる

この2点にきちんと答えた答案ができあがりました。

答案を書き出す前に、しっかり材料を集めて内容を整理しておくことがポイントです。

そのために「下書き」が重要な役割を果たします。

まとめ

▶ 問題文を分解し、問われていることがいくつあるのかをつかみ、大まかな構成を考える。

▶ 「主張」を設定したあとに、「理由」や「具体例」で補強する。

▶ 「具体例」は、読んでいる人の頭にイメージが浮かぶように書く。

▶ すべての「ボックス」で同様の作業を繰り返す。

▶ 材料がすべてそろったら、文章としてまとめる。

2 知っておこう 答案を書くときに気をつけたい 基本事項

小論文を書くための「手順」を理解できていても、基本的なところでミスをしてしまっては、高評価を得ることはできません。
文章を書くときの基本を確認していきましょう。

原稿用紙のルールに従う

　原稿用紙(マス目)タイプの記入欄の場合は、**原稿用紙のルール**を守って書きます。数字や英文字の書き方、句読点の打ち方などのルールがありますので、注意しましょう。

■ 原稿用紙のルール(注意すべきポイント)

　日本語の大きな特徴は、1つの文字に複数の読み方が存在する点にある。たとえば「小」という文字には「しょう」「ちい(さい)」「こ」など幾通りもの読み方がある。一方で、英語の"small"は「スモール」という読み方だけであり、それ以外はあり得ない。この点からしても、日本語は「難解」だと言える。

❶ 各段落の冒頭は1マスあける

　段落の冒頭は必ず1マスあける決まりになっています。改行したら、次の行のはじめは1マスあけます。

❷ 句読点(、)(。)も1マス使う

　句読点(、)(。)や「」(カギ括弧)も1マス使います。ただし、句点(。)と閉じ括弧(」)は同じマスに入れます。また、「……」や「──」は2マスぶん使います。

例

❸ 数字は1マス使う。ただし、2桁の数字は1マスに入れる。3桁の場合は2マスに分けて書く

例

❹ 句読点(、)(。)や閉じ括弧(」)が最後のマスにきたときには、直前の文字と一緒に書き入れる

例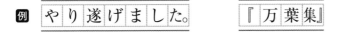

❺ 小さく書く「っ」や「ゃ」「ゅ」「ょ」なども1マス使う

　小さく書く「っ」や「ゃ」「ゅ」「ょ」などが最後のマスにきても、直前の文字と一緒に書き入れてはいけません。

❻ アルファベットを書く場合は、大文字は1マスに1字、小文字は1マスに2字入れる

例

読みやすい字で書く

　小論文で大切なのは中身ですが、見た目も印象を左右します。**採点者が「読みやすい字」で書くようにしましょう。**

　小論文の採点をしていると、読む気をなくすような字を目にすることがあります。

　その代表は、**「形を崩した字」**です。もとの字がわからないくらいに崩れているものは、読み取るのに非常に苦労します。自分しか読まないメモであればまだしも、小論文は採点者に読んでもらうことを前提とした文章です。読み手のことを意識して、崩さずにしっかりとした字を書くようにしましょう。

　また、透かしのような**「薄い字」**や米粒のような**「小さな字」**も、読み取りづらいので、書かないようにしましょう。

　採点者に少しでもよい点数をつけてもらうために小論文を書いているのですから、読みやすい字を書くように心がけてください。
　読み取れない字は、書いていないのと同じです。

鉛筆などで答案を書くときの注意点

- 形を崩さず、楷書で正確に書く
- 筆圧を高めて、濃い字で書く
- マス目いっぱいに、大きめの字で書く

一文は短いほうが読みやすい

　一文が原稿用紙の半分を超えるほど長々と書かれている答案を目にすることがありますが、一文が長くなると、つながりがわかりづらくなり、読みにくくなります。一文は短めに切って書くようにします。

　目安としては、**一文が100字を超えないようにします**。それ以上長くなる場合には、途中で文を切るようにしましょう。

200〜300字くらいで改行する

　1つの段落が長くなると読みにくくなってしまうので、適宜改行して段落を作るようにします。ただし、改行が多すぎても、それはそれで読みにくくなるので、適切に改行する必要があります。

　改行する際は、話のかたまりごとに分けていくとよいでしょう。

　字数の目安としては、**1段落につき200〜300字程度に収めるようにします**。たとえば、800字程度の答案であれば、3〜4段落くらいで書きます。

文体は「だ・である」調にする

　文章には、「です・ます」調と、「だ・である」調がありますが、**小論文は、「だ・である」調で書き、しっかりと言い切るようにします**。

　書き慣れていないと、「です・ます」調と「だ・である」調が交ざってしまうことがあります。普段から、「だ・である」調で小論文を書く練習をしておきましょう。

なるべく最後のほうまで書く

　「○○字以内」という字数指定がある場合には、**最低でも指定された字数の8割以上は書くようにし、できれば9割以上を目指します。**

　「○○字以上○○字以内」という指示の場合には、下限の字数は必ず超えるようにしなくてはいけません。そのうえで、上限字数の8割から9割以上は書くようにします。たとえば、「500字以上1000字以内」という指示であれば、500字を超えるのは絶対条件ですが、800～900字以上は書くようにしましょう。もちろん、上限の字数の指示も必ず守ります。

　「○○字程度」という字数指定の場合には、その字数の±10％の範囲に収めるようにします。たとえば、「1000字程度」という指示であれば、900～1100字になるようにします。

　字数指定がない罫線のタイプの用紙であれば、**あまり余白を残さないように、なるべく最後のほうまで書くようにしましょう。**

まとめ

- ▶ 原稿用紙のルールに従って書く。
- ▶ 採点者が「読みやすい字」で書く。形を崩さず、濃く、大きめの字で書くようにする。
- ▶ 一文は、短めにする。100字を超えたら文を途中で切るようにする。
- ▶ 適宜段落分けをする。200～300字ごとに改行するとよい。
- ▶ 文体は、「だ・である」調で統一する。
- ▶ 答案は、なるべく指定字数いっぱいまで書く。

3 わかりやすく、正しい表現に するために

小論文は、わかりやすく、正しい表現で書くことが大切です。
そのために気をつけたいことを確認していきます。

主語・述語を近づける

主語と述語が離れていると意味がわかりづらくなる場合があります。
次の文を見てみましょう。

● **少子化は**、日本国内に防災や働き方改革、地方の活性化などのさまざまな問題があって対策が急がれる中でも、優先して取り組むべき**問題**だ。

　この文は、「少子化は」という主語と「問題である」という述語が離れすぎているために、わかりづらくなっています。**主語と述語は近づけて書くようにします。**

● 日本国内には防災や働き方改革、地方の活性化などのさまざまな問題があって対策が急がれる。その中でも、**少子化は**、優先して取り組むべき**問題**だ。

　このように書けば、スッと意味を理解しやすくなりますね。

読点の位置に注意する

読点は、入れた位置によって意味が変わる場合もあるので、注意します。

例　私は、急いで帰ろうとする友人を引きとめた。（急いでいるのは「友人」）

例　私は急いで、帰ろうとする友人を引きとめた。（急いでいるのは「私」）

自分が意図している意味と違う意味になっていないかどうかを、読み返しながら確認するようにしましょう。

文章では書き言葉を使う

日常生活では、「ら」抜き言葉や「い」抜き言葉が当たり前のように使われていますが、本来は正しい日本語ではありません。話し言葉をそのまま文章にしてしまうと、誤用が含まれるうえ、くだけた印象を相手に与えてしまいます。**小論文の答案には、話し言葉ではなく、書き言葉を使いましょう。**

「ら」抜き言葉と「い」抜き言葉の例

✗ 食べれる	➡	○ 食べられる
✗ 見れる	➡	○ 見られる
✗ 来れる	➡	○ 来られる
✗ 寝れる	➡	○ 寝られる
✗ ～してる	➡	○ ～している
✗ ～してない	➡	○ ～していない

話し言葉→書き言葉の例

なんで　➡　○なぜ

やっぱり　➡　○やはり

ちょっと　➡　○少し／わずか

もっと　➡　○さらに

ちゃんと　➡　○きちんと

けど　➡　○けれども／が

適切な接続表現を使う

　前後の文や文節をつなぐときには、**適切な接続表現を用いるようにしましょう**。

主な接続表現

● 順接【それで・だから・すると・そこで】

　…前の事柄が原因・理由となるような事柄を、あとに述べる。

　　例　雨が降った。それで、早く帰ることにした。

● 逆接【しかし・だが・ところが・けれども】

　…前の事柄と逆になるような事柄を、あとに述べる。

　　例　雨がやんだ。しかし、行かなかった。

● 累加（添加）【なお・しかも・それに・そのうえ】

　…前の事柄にあとの事柄をつけ加える。

　　例　彼はとても優秀で、しかも謙虚だ。

- 並立(並列)【また・および・ならびに】

　…前の事柄にあとの事柄を並べて示す。

　　例　彼は医者であり、また、小説家でもある。

- 対比・選択【それとも・あるいは・または・もしくは】

　…前の事柄とあとの事柄を比べ、どちらかを選ぶ。

　　例　電話またはメールでお伝えします。

- 説明・補足【つまり・なぜなら・ただし・もっとも】

　…前の事柄についての説明や補足をあとに述べる。

　　例　誰でも無料で参加できる。ただし、事前申し込みが必要だ。

- 転換【ところで・さて・では・ときに】

　…前の事柄から話題を変えて、あとの事柄を述べる。

　　例　今日の課題は終わった。さて、次は何をしようか。

まとめ

▶ 文の意味をわかりやすくするために、主語と述語を近づけて書く。

▶ 読点は、入れた位置によって意味が変わる場合もあるので、注意する。

▶ 小論文の答案には、話し言葉ではなく、書き言葉を使う。

▶ 前後の文や文節をつなぐときには、適切な接続表現を用いる。

やってはいけない！
ありがち失敗答案
10のパターン

小論文でよくある失敗を紹介し、
何がまずいのかを解説します。
同じようなミスをしないために、
失敗答案をしっかりと研究しておきましょう。

LECTURE

失敗例から学び、答案作成にいかす

「誰もが陥りやすい失敗」を知っておく

　私はこれまで、あらゆる学部の志願者を対象に小論文指導を行ってきましたが、その中には「何度も見かける典型的な失敗」がありました。志望学部や出題の内容に関係なく、**「やはりここでつまずいたか」**と思うような、繰り返し出てくる失敗です。

　小論文には**「誰もが陥りやすい失敗」**があります。もし、そうした失敗例を事前に研究したうえで書いていれば、他の人に一歩先んじた答案になるはずです。

立ち止まって、自分でよく考える

　先に示した通り、小論文は以下の「手順」で書いていきます。

1　問われていることを理解する(問題文の分解)

2　大まかな構成を考える

3　「主張」を設定する

4　「理由」や「具体例」で補強する(なぜ、たとえば、どのように)

5　文章としてまとめる

この PART 2 では、10のパターンに分けて、典型的な「イマイチ答案例」と、それを改善した「バッチリ答案例」を掲載しています。初歩的な失敗から、注意しないと気づかない失敗まであります。失敗の大半は「1」～「4」の「下書き」の段階でのものですが、「5」の「文章としてまとめる」の段階でミスをしてしまうこともあります。

効果的な学習につなげるために、まず「イマイチ答案例」を読み、解説に目をやる前に、**「何がおかしいのか」「どの段階でミスをしているのか」を自分でよく考えてみてください。**

単に「イマイチ答案例」と「バッチリ答案例」を読むだけでは、「なんとなくわかった」という浅い理解にとどまりがちです。答案のどこがおかしいのかを、立ち止まって自分で考えるようにしましょう。そのうえで解説を読んで、自分の考えと照らし合わせてみると効果的です。

また、「バッチリ答案例」を読む前に、**自分だったら「イマイチ答案例」をどう書き替えるかを考えてみましょう。**

ここに出てくる答案例は、概ね短めの例文ですから、書き直すのも簡単です。改善答案を自分で一度紙に書いてみるとよいでしょう。書き直したら、今度は「バッチリ答案例」と比較をしてみます。

10の失敗パターンについて、1つひとつじっくりと考えていくことで、答案を書く際に注意すべきことがわかります。そうすれば、いざ試験に臨んだときにも、ミスを回避し、よい答案を書くことができるはずです。

失敗例から、多くのことを学んでいきましょう。

1 抽象的な言葉ばかりで、具体的に書けていない

抽象的な言葉ばかりを並べても、読む人を納得させることはできません。読み手の頭に即座にイメージが浮かぶように、具体的に書くことを心がけましょう。

この本の[巻頭特集]でも述べたように、小論文は、**「自分の主張」**を**「論理的に、読み手が納得できるように書く」**ことが必要です。そして、読み手に納得してもらうためには、具体的に書いていくことがとても重要になります。しかし、よく注意しないと、「具体例」が抜け落ちた抽象的な答案になってしまうことがあります。

典型的な失敗例を見てみましょう。

問題

子どもの貧困を解決するにはどうすればよいか、考えを述べよ。

イマイチ答案例

　私は、子どもの貧困の解決のためには、行政と市民の連携が必要だと考える。行政としても、できることに積極的に取り組んでいるが、それだけでは、根本的な解決につながらない。市民との連携によって、行政の目の届かない部分にもきめ細かい支援を行き渡らせていくことが大事だ。そうすることで、真の意味での子どもの貧困の解決につながっていくのである。

現状の取り組みと今後の解決策が
まったくイメージできません。

何が問題なの?

はじめから終わりまで抽象論だけが書かれていて、**「具体性」が何もない答案**です。

「行政としても、できることに積極的に取り組んでいる」と書かれていますが、具体的にどのような取り組みを指しているのでしょうか？　また、「市民との連携によって、行政の目の届かない部分にもきめ細かい支援を行き渡らせていく」とは、具体的に何をどうすることなのでしょうか？　まったくイメージすることができません。小論文の指導をしていると、このような**具体性に乏しい答案**をよく目にします。

PART1 では、「主張」に対して、「なぜそう言えるの？」「具体的にどういうこと？」という疑問を自分自身に投げかけて材料を書き出していく方法を学びましたね。

ですから、ここでも、「行政の積極的な取り組みとは、たとえばどういうことか？」「市民との連携による支援にはどのようなものがあるのか？」というような疑問を投げかけ、**「具体例」で補強していけばよいのです。**

これを踏まえて、もっと具体的な書き方にしてみましょう。

バッチリ
答案例

　私は、子どもの貧困の解決のためには、行政と市民の連携が必要だと考える。行政としても、**貧困家庭への学費の支援、学用品の配布など**に
▲行政の積極的な取り組みの「具体例」が書けている
積極的に取り組んでいるが、それだけでは不十分である。たとえば、十分に食べるものがない子どももいる。食事の問題に対しては、**市民団体**
市民と行政の連携の「具体例」が書けている▲

が「子ども食堂」を運営するなどして支援しているが、その活動に対して**行政が経済的な支援をする**などして、行政が市民と連携していくべきである。行政の目の届かない部分にもきめの細かい支援を行き渡らせていくことで、真の意味での子どもの貧困の解決につながっていくのである。

上記の答案では、

● **行政の積極的な取り組み**
　➡ **貧困家庭への学費の支援、学用品の配布**

● **市民と行政の連携による支援**
　➡ **「子ども食堂」に対して行政が経済的な支援をする**

というように、大事なポイントについて「具体例」を挙げることができています。これなら、すぐにイメージが浮かびますね。

　内容に具体性があるかどうかは、答案の評価を大きく左右します。特に、**「取り組み」や「解決策」を書くときには、抽象的な言葉に逃げずに、採点者が具体的な内容をイメージできるように書いてください。**

まとめ

▶ 抽象論だけが書かれた具体性のない答案は、説得力に欠ける。

▶ 「取り組み」や「解決策」を書くときには、抽象的な言葉に逃げずに、採点者が具体的な内容をイメージできるように書く。

2

いろいろな内容を盛り込みすぎて、話が絞れていない

1つの段落にいろいろな内容を盛り込んだからといって、説得力が増すわけではありません。むしろ、要点がはっきりせず、印象に残らない答案になってしまう危険性があります。

高評価の答案を書きたいと思うあまり、少ない字数の中にいろいろな内容を盛り込みすぎてしまうという失敗もしばしば見かけます。

問題

あなたが目指す看護師像について、考えを述べよ。

イマイチ答案例

　私が目指すのは、「責任感」が強く、「努力家」であり、「コミュニケーション力」がある看護師だ。まず、「責任感」であるが、医療の仕事は人の生死にかかわる仕事である。自分のやるべき処置や連絡を、責任をもって行うことが求められる。また、私は「努力家」な看護師でもありたい。看護師の仕事は勉強の連続である。専門書を読んで学んだり、研修などに参加したりして、自分自身を高めていきたい。さらに、「コミュニケーション力」のある看護師も目指したい。看護師は、医師や薬剤師など、さまざまな人とコミュニケーションを取りあって仕事を進めていくことが求められる。挨拶に始まって、連絡や相談などを自分から積極的に行っていきたい。

結局何が言いたかったのかわからず、
印象に残りません。

何が問題なの?

1つの段落に内容を盛り込みすぎていて、話が絞れていません。

「責任感」が強く、「努力家」であり、「コミュニケーション力」がある看護師を目指したいというのは、本当の気持ちなのだと思いますが、**いろいろなことを書くと、結局何も印象に残らない**ということになってしまいます。

「1つの段落に書く内容は1つ」ということを心がけます。書く内容を絞ったうえで、その内容について深く掘り下げていくようにしましょう。

バッチリ
答案例

　私が目指すのは、「責任感」が強い看護師だ。医療の仕事は人の命にか
　▲書く内容を1つに絞っている
かわる仕事である。ちょっとしたミスや連絡の遅れで、患者さんを危険
　　　　　　　　　≫具体例
にさらしてしまうことがある。私は、自分に任された仕事は、確実に責
任をもってやり遂げたい。もし、わからないことや不安なことがあれば、
　　　　　　　　　　　　　　　　　　　　　　　　≫具体例
うやむやにせず、わかる人に聞いてから仕事を進めたい。万一ミスを犯
したら隠さず、すぐに誰かに伝えて、問題を解決したい。また、漫然と
　　　　　　　　　　　　　　　　　　　　　　　　　　　≫具体例
仕事をするのではなく、専門書を読んだり、研修に参加したりして、自
分の能力を高めることも、医療で仕事をする者の責任である。1人ひと
りの患者さんの命を預かっていることを忘れず、自分自身の仕事に、責
任をもって取り組んでいきたい。

この答案では、「責任感」が強いという点に絞って、「目指す看護師像」を書いています。書くべき話を絞ったことで、「具体例」がしっかり盛り込まれました。内容に深みがあり、本人の思いが伝わります。

仮に、答案を800字程度で書くのであれば、段落を分けて、２つの話を取り上げることを検討してもよいでしょう。ただし、800字程度で３つ以上の話を取り上げると、１つひとつの話の具体性が弱まり、散漫な印象の答案になりがちなので注意します。

このように、答案の中に複数のことを書くかどうかは、**指定された字数との兼ね合い**で考えます。**字数に余裕があり、複数に分けても具体性をもって書けるのであれば、項目の数を増やしてもよい**ということです。

答案の「具体性」は、読み手を納得させるために非常に重要な要素です。答案全体にわたって、具体的な表現になっているかどうかを確認するようにしましょう。

まとめ

▶ 少ない字数の中にいくつもの内容を盛り込むと、結局何も印象に残らないことになる。

▶ 「１つの段落に書く内容は１つ」ということを心がけ、書く内容を絞る。そのうえで、１つの内容について詳しく掘り下げていくようにする。

▶ 字数に余裕があり、複数に分けても具体性をもって書けるのであれば、項目の数を増やしてよい。

3 自分のことを聞かれているのに、他人事のような書き方をしている

自分のことを聞かれているのに、他人事のように答えてしまっては、よい印象にはなりません。問題の理解不足によって起こるミスなので、問題文をよく読むことが大切です。

内容に大きな間違いがなくても、書き方によっては、評価が低くなってしまうケースもあります。たとえば、次のような答案です。

問題

あなたは、将来教師として仕事をするうえで、どのようなことを大切にしていきたいか、考えを述べなさい。

イマイチ答案例

　教師にとって大切なことの1つはコミュニケーション力だ。教師は自分1人で仕事をしているわけではない。周りの先生方やスクールカウンセラーなどさまざまな人とかかわり、協力し合って仕事をしている。そこで、コミュニケーションを取り合うことが大事になる。たとえば、子どもの学力が思うように伸びないときは、周りの先生に指導法を聞くべきだ。また、クラスに精神的に不安定な子どもがいたら、スクールカウンセラーに相談をするべきである。このように、教師には、周囲とコミュニケーションを取り合うことが求められている。

採点者の評価

他人事のような書き方になっており、
この人の思いが伝わってきません。

何が問題なの？

　この答案例には、内容として間違ったことは書かれていませんが、「……べきだ」「求められている」というように、**他人事のような書き方をしています**。ここでは、「あなたは、将来教師として仕事をするうえで、どのようなことを大切にしていきたいか」と問われているのですから、**「私はこうする」**と、自分のこととして書くべきです。

　もしも、今回の問題が「教師として仕事をするうえで大切なことは何か、考えを述べなさい」であれば、客観的な聞き方なので、この答案例でも違和感はありません。しかし、今回のように「あなたは、将来教師として仕事をするうえで、どのようなことを大切にしていきたいか」と問われているならば、「私」を主語にして書きます。

　問題文の理解が不十分だと、高評価を得られる答案を書くことはできません。**問題文の細部にまで注意して、出題の意図をつかみましょう。**

　出題の意図を踏まえ、「私」を主語にして書き直してみましょう。

バッチリ 答案例

　私は、教師として仕事をするうえで、周りの人とのコミュニケーショ
　▲「私」を主語にして、自分のこととして書けている
ンを**大切にしたい。**教師は自分１人で仕事をしているわけではない。周りの先生方やスクールカウンセラーなどさまざまな人とかかわり、協力し合って仕事をしている。そこで、コミュニケーションを取り合うことが大事になる。たとえば、子どもの学力が思うように伸びないときには、

自分から周りの先生に解決法を**質問する**。クラスに精神的に不安定な子どもがいたら、スクールカウンセラーに早めに**相談したい**。このように、**私は**、周囲とコミュニケーションを取り合いながら、よりよい指導を**実践していく**。

少し手を入れただけですが、**自分の存在がしっかり前に出てきました**。自分のことを問われている場合には、このような書き方をするようにします。

また、問い方の違いで、答えるべき内容が大きく変わることがあります。

例 「教育において褒めることの意義について述べよ」

この問い方であれば、「褒めることで人は伸びる」といった話を、根拠を示しながら書けばよいでしょう。必ずしも自分の経験を書く必要はありません。「このようなデータがある」といった、客観的な情報をもとに書いてもよいでしょう。

例 「教育において褒めることの意義について、自身の経験にもとづいて述べよ」

「自身の経験にもとづいて」という前提条件がつけられたことに注意します。この場合は、「私自身も褒められたことで、このように伸びた」など、必ず自分の経験を入れなければいけません。

まとめ

▶ 問題文の細部にまで注意して、出題の意図をつかむ。

▶ 「あなたは〜」と問われている場合には、「私」を主語にして書く。

4 問題文を理解せずに 答えを書いている

前の項目とも共通しますが、問われていることとずれた答えを書いてしまっていては、高評価を得ることはできません。
問題文を正しく理解することは、すべての基本です。

PART 1 では、「問われていることを理解する」ことが大事だと説明しました。当然のことながら、「問われていること」にきちんと答えていない答案は、高評価を得ることはできません。次の例で考えてみましょう。

問題

社会の変化を踏まえ、これからの医療に求められることは何か、述べなさい。

イマイチ答案例

　これからの医療に求められることは、患者さんに最良の医療を提供することだ。なぜなら医療の主役は患者さんであり、患者さんの満足度を高めていくことこそが医療の目指すべき道だからだ。たとえば、手術を行うにしても、投薬をするにしても、医療スタッフは、その効果や副作用などを考え、常に患者さんにとって最善のものを選択していかなければならない。患者さんによりよい医療を提供することこそが求められているのである。

採点者の評価

社会の変化を踏まえた答案になっていませんね。

何が問題なの?

　この答案は、文章自体は整っていますが、高評価はつけられません。なぜなら、**問題を理解せずに書いている**からです。

　この問題では、「これからの医療に求められることは何か」が問われており、それを答える際に、「社会の変化を踏まえる」という**「条件」**に従って書くことが指示されているのです。整理すると以下のようになります。

問われていること：
これからの医療に求められることは何か
　条件　社会の変化を踏まえる

　先ほどの答案は、「社会の変化を踏まえる」という言葉の意味を考えないままに答えを書いてしまっています。「踏まえる」というのは、「踏」という漢字からもわかるように、「あることをしっかり踏みしめる」といった意味になります。ですから、**「社会の変化」を前提にした話にしなければいけない**のですが、この答案には、その要素がまったくありません。「患者さんに最良の医療を提供する」というのは、昔も今も変わらない医療の基本です。

　問題文を見たときに、サラッと読み流して、「ああ、『医療に求められること』を書けばいいのね」と、曖昧な理解のままに書き始めてしまうと、先ほどのようなミスをしてしまいます。

　「今回の問題では、『社会の変化を踏まえ』て書くように指示しているな。では、医療に関係する社会の変化って何だろう？」と、そこから考え始めないといけないのです。

たとえば、社会全体として、本人が「知る権利」を重視するという考え方が強まっています。そうした変化を前提に、医療の現場でも、患者さんに病状などを正確に伝え、患者さんの意思・選択を尊重すること(インフォームド・コンセント)が重視されるようになっています。そういう内容を書けば、「社会の変化を踏まえ」た答案になります。

バッチリ 答案例

　これからの医療に求められることは、患者さんの「知る権利」を尊重した医療である。かつてはがん治療などでは、患者さんに病名を告げずに手術をするようなこともあった。しかし、**社会の変化により、医療の現場では患者さんの「知る権利」が強く意識されるようになった**。どのような手術、投薬をするにしても、最終的に決めるのは患者さんであり、その意思を尊重しなければならない。そのためには、病状や、治療の選択肢、副作用などのデメリットをていねいに説明することが大事である。患者さん中心の医療こそが求められているのである。

▲「社会の変化」を踏まえている

　最後の一文は同じですが、この答案は、「患者さんの『知る権利』が強く意識されるようになった」という**「社会の変化」をしっかりと踏まえて書くことができています**。この答案なら、高い評価を得ることができます。

まとめ

▶ 問題をよく読むことが、高評価の答案を書くための第一歩。問題文の言葉の意味をしっかりと理解し、書くべき内容を考える。

▶ 「〜を踏まえ」という指示がある場合には、その内容を前提にして書く必要がある。

5 主張がはっきりしない

小論文には、「私はこう考える」という、「主張」が必要です。
その点を曖昧にしてはいけません。

PART1 で述べたように、小論文では、問いかけに対する「主張」を立てることが出発点になります。この点がぶれてしまうと、答案が迷走してしまいます。

次の例を見てください。

問題

「貧困は自己責任の結果である」との考え方に対する、あなたの意見を述べよ。

答案例

　「貧困は自己責任の結果である」とは、一概には言えないのではないかと考える。……

答案例

　貧困が自己責任の結果であるかどうかについては、十分な検討が必要である。……

採点者の評価

はっきり「主張」を述べずに、逃げているだけですね。

何が問題なの？

「イマイチ答案例」は、どちらも、**自分の立場をはっきり示していません。**どちらともとれるような**逃げの姿勢**で書いています。はっきり白黒つけるのは難しい問題であったとしても、小論文でこのような書き方をすると、高い評価はつきません。

ですから、問題文の問いかけに対して、態度をはっきり示して書くようにします。

バッチリ 答案例

　私は、「貧困は自己責任の結果である」という考え方は、正しいととらえている。……

バッチリ 答案例

　「貧困は自己責任の結果である」という考え方は、誤りである。……

どちらの立場で書いたら高評価になる、ということではなく、**小論文では、「主張」を明確にしたうえで、「理由」や「具体例」で筋道立てて説明できているかどうかが評価のポイントになります。**どちらの立場をとってもよいのです。

これは、「貧困」と「自己責任」のような社会問題に限らず、他のテーマでも同じことが言えます。

あなたが将来目指す教師像について述べなさい。

イマイチ
答案例

　私は、将来目指す教師像について、まだはっきりとしたイメージをもてていない。大学で学ぶ中で、目指す教師像が見えてくるのではないかと考える。……

採点者の評価

今の段階でも、
イメージできることがあるのではないですか。

何が問題なの?

　まだ具体的なイメージができていないという場合にも、こういう**曖昧な書き方は避けます**。他の受験生が「私が目指す教師像はこうだ」とはっきり書いている中で、このような答案が出てくると、よい評価はつきにくくなります。

　出題者は、受験生がどういう教師を目指しているのかを知るために上記のような問いかけをしているのですから、**自分の主張を明確にしましょう**。

まとめ

▶ 小論文では、「主張」を明確にしたうえで、「理由」や「具体例」で筋道立てて説明できているかどうかが評価のポイントになる。

▶ 逃げの姿勢は避け、自分の立場をはっきりと示す。

6 字数配分が極端すぎる

字数配分は、答案の評価に大きな影響を与えることがあります。
適切な字数配分を行うことも、高評価を得る答案を作成するための重
要なポイントです。

　答案を書く前には、必ず、大まかな字数配分を考えるようにします。それ
をしないと、次のようなミスが起こりやすくなります。

問題

**プラスチックごみの削減にどのように取り組んでいくべきか、考えを
述べなさい。**

イマイチ答案例

　プラスチックは、自然界で分解されにくく、生態系に悪影響を与える
可能性があると言われる。細かなプラスチックを食べた魚を人間が食べ
ることで、人体にも取り込まれることが指摘されている。自然界には大
量のプラスチックごみがたまり続けており、早く手を打つ必要がある。
私は、プラスチックごみの問題を解決するために、次の2つのことに取
り組むべきだと考える。
　1つ目は、プラスチックの代替品の開発・普及を進めることだ。プラ
スチックは安くて丈夫であることから、日常生活のあらゆる製品に使わ
れている。これらをできる限り環境負荷の低いものに置き換えていくこ
とが必要だ。そのために、メーカーでは自然界で分解されやすい素材の

開発をさらに進めていくべきである。ただし、当初は価格が高く、普及への足かせとなりうるので、行政の支援も必要だ。たとえば、こうした製品を研究・開発する企業に対して行政が財政的な支援をすることが求められる。

　2つ目に、市民の意識向上にも力を入れるべきである。たとえば、学校教育の中で、プラスチックごみをリサイクルに出すことの重要性を子どもたちに教えていくべきである。

　プラスチックごみの問題は深刻さを増している。社会全体で取り組み、自然界にたまるプラスチックごみを少しでも減らしていくべきである。

採点者の評価

> 2つ目の取り組みは、これだけですか？

何が問題なの？

　1つ目の取り組みと2つ目の取り組みの**字数の差が大きすぎます**。2つ目に書くことが思いつかなかったり、字数配分を考えずに書き始めてしまったりすると、こういうことが起こります。

　「プラスチックの代替品の開発・普及を進めること」と「市民の意識向上」は、どちらも大事なことですから、**同じくらいの字数を割くようにします**。

バッチリ
答案例

　プラスチックは、自然界で分解されにくく、生態系に悪影響を与える可能性があると言われる。細かなプラスチックを食べた魚を人間が食べることで、人体にも取り込まれることが指摘されている。自然界には大量のプラスチックごみがたまり続けており、早く手を打つ必要がある。私は、プラスチックごみの問題を解決するために、次の2つのことに取

り組むべきだと考える。

　1つ目は、プラスチックの代替品の開発・普及を進めることだ。プラ
≫1つ目の取り組みについて
スチックは安くて丈夫であることから、日常生活のあらゆる製品に使わ
れている。これらをできる限り環境負荷の低いものと置き換えていくこ
とが必要だ。そのために、メーカーでは自然界で分解されやすい素材の
開発をさらに進めていくべきである。ただし、当初は価格が高く、普及
への足かせとなりうるので、行政の支援も必要だ。たとえば、こうした
製品を研究・開発する企業に対して行政が財政的な支援をすることが求
められる。

　2つ目に、市民の意識向上にも力を入れるべきである。問題解決へ向
≫2つ目の取り組みについて
けては、人々の行動変容が不可欠だからだ。具体的には、学校教育の中
で、プラスチックごみについて考える時間を取るとよい。プラスチック
ごみの現状が深刻であること、プラスチックごみをリサイクルに出すこ
とで、環境への負荷を減らせることなどを子どもたちに教えていく。ま
た、報道機関がプラスチックごみの問題を積極的に取り上げることも必
要である。プラスチックごみが生態系や人体に与える影響を伝え、ごみ
の投棄をしないこと、自然界で分解されやすい製品を選ぶことなどを呼
びかけていくことが大切だ。

　プラスチックごみの問題は深刻さを増している。社会全体で取り組み、
≫全体のまとめ
自然界にたまるプラスチックごみを少しでも減らしていくべきである。

　適切な字数配分で書くためには、**「下書き」の段階で大まかな字数配分
を考えておく**必要があります。**「下準備」が答案のできを決めるのです。**

まとめ

▶　字数のバランスも答案の評価に影響を与える。

▶　「下書き」の段階で大まかな字数配分を考えておく。

7 同じような内容が 並んでいる

複数の「取り組み」や「解決策」を述べようとしているのに、それぞれが同じような内容になっているということがあります。

答案に複数の「取り組み」を書く際には、内容を分ける必要があります。次の例で考えてみましょう。

問題

災害に強い町を作るためにはどうすればよいか、考えを述べなさい。

イマイチ 答案例

　日本は地震や豪雨、台風などの自然災害が多いため、災害への備えをすることが大変重要である。具体的には次の2点に取り組むべきである。

　1つ目は、公共施設の建物を大災害に耐えられるよう強化することである。たとえば、学校や病院などの公共施設について、大規模な地震が起きても耐えられるように、補強工事を進めていくべきである。また、近年は水害が大規模化して、想定を超える被害が起きている。そこで、大雨などによって崖崩れが起きやすい場所を特定して、土砂を防ぐ柵を設置したり、川の堤防を高くしたりすることにも取り組む必要がある。

　2つ目は、民間施設の建物の強化も進めていくことである。町の中には、学校や病院以外にも、駅やデパートなどの大規模な建物がある。これらは民間が所有する建物であるが、多くの人が集まる場である。この

他、鉄道の高架橋など民間所有の大規模な建築物が多数ある。こうした建築物についても地震や水害に耐えられるかどうかを診断して、強度を高める工事を早急に進めていくべきである。

採点者の評価

「建物の強化」をするだけでいいのですか？

何が問題なの？

この答案例には、間違ったことは書かれていませんが、1つ目も2つ目も、書いてあることは「建物等の強化」についてです。「公共施設」と「民間施設」の違いはあるにしても、**内容としてはほとんど同じで、視野の狭い答案になってしまっています**。

「1つ目は……」「2つ目は……」と、2点に分けて書くのであれば、**内容をはっきりと分けるようにします。違う角度の話を盛り込むと、視野の広い解答にすることができます**。

1つ目と2つ目の「取り組み」の角度を変えて、次のようにしてみましょう。

バッチリ
答案例

日本は地震や豪雨、台風などの自然災害が多いため、災害への備えをすることが大変重要である。具体的には次の2点に取り組むべきである。

1つ目は、建物や堤防などを大災害に耐えられるよう強化することで
≫1つ目の取り組み：「建物等の強化」
ある。たとえば、学校や病院などの公共施設の他、人が集まる駅やデパートなどの建物の耐震性を診断して、強度を高める工事を早急に進め

ていくべきである。また、近年は水害が大規模化して、想定を超える被
害が起きている。そこで、大雨などによって崖崩れが起きやすい場所を
特定して、土砂を防ぐ柵を設置したり、川の堤防を高くしたりすること
にも取り組んでいく必要がある。

　２つ目は、市民の防災意識を高めていくことである。災害が起きた場
≫２つ目の取り組み：「市民の防災意識を高める」
合を想定して、あらかじめ食料の備蓄や避難場所の確認ができていれば、
いざというときに慌てなくてすむ。こうした備えは、災害が起きてから
では遅い。そこで行政は、広報紙やSNS等で、災害への備えの重要性
を伝えていくべきである。また防災イベントや地域での防災講話などを
開催して、市民の意識を高めていくことが大切である。

　この答案例であれば、１つ目の備えとして「建物等の強化」が、２つ目
の備えとして「市民の防災意識を高める」ことが書かれているので、両者の
違いがはっきりわかります。１つ目の備えの中に、「公共施設」と「民間施設」
の両方の話を入れていますが、これで十分伝わります。

　**「取り組み」や「解決策」などを複数書くときには、内容が似通ってし
まわないように、角度が違うものを組み合わせるようにします。**
　材料を出す段階で、「１つ目と２つ目は、どういう解決策を組み合わせれ
ばよいかな？」と考えながら書いていくようにしましょう。

まとめ

▶ 「１つ目は……」「２つ目は……」と、複数の「取り組み」を書く場
合には、内容が似通ってしまわないように、角度が違うものを組み
合わせるようにする。

▶ 材料を出す段階で、どういう解決策を組み合わせればよいかを考え
ながら書いていく。

8 段落分けが 適切にできていない

長い文章が一度も段落分けされずに書かれていると、とても読みづらく感じます。逆に、段落分けをしすぎるのも、読みづらくなってしまう原因になります。

PART 1 の中でも説明したように、文章を読みやすくするためには、適切に段落分けをする必要があります。

ここでは、段落分けが適切にできていない例を見ていきましょう。

問題

外国語を学ぶことの意義について、あなたの考えを述べなさい。

イマイチ 答案例

　外国語を学ぶことは、自分自身の世界を広げることになる。たとえば、私は英語を学んでいるが、それによって、英語で書かれた本やニュース記事を理解できるようになった。これは、今まで知ることができなかった世界に触れられるようになったことを意味する。私は、ミステリー小説が好きで、勉強を兼ねて英語で書かれた作品を読んでいる。作品の中で、外国の人の考え方や現地の文化にも触れることができ、新しい発見が多い。もちろん、日本語訳がある作品もあるし、現代では自動翻訳のソフトがある。英語を学ばなくてもそうした書物に触れることは可能かもしれない。しかし、日本語に訳してしまうと、英語独特の言い回しやその作者のもつ表現の特徴は、ほぼ失われてしまう。特にスラングなど

は日本語に訳しようがない。英語を英語として理解したときに、初めて味わえる世界がある。アプリの翻訳機能が発達しても、外国語を学ぶ意義そのものは失われないはずだ。

採点者の評価

段落分けがされていないので、読んでいて疲れます。

何が問題なの?

　400字程度の文章が一度も段落分けされておらず、一気に書かれているので、読みづらい印象になっています。

　200～300字くらいなら、段落分けをしないで書いてもよいのですが、**400字くらいになったら、段落分けをするようにしましょう。**

　とはいえ、段落分けをしすぎても、読みにくくなってしまいます。次の答案例を見てみましょう。

イマイチ 答案例

　外国語を学ぶことは、自分自身の世界を広げることになる。

　たとえば、私は英語を学んでいるが、それによって、英語で書かれた本やニュース記事を理解できるようになった。これは、今まで知ることができなかった世界に触れられるようになったことを意味する。

　私は、ミステリー小説が好きで、勉強を兼ねて英語で書かれた作品を読んでいる。作品の中で、外国の人の考え方や現地の文化にも触れることができ、新しい発見が多い。

　もちろん、日本語訳がある作品もあるし、現代では自動翻訳のソフトがある。英語を学ばなくてもそうした書物に触れることは可能かもしれ

ない。しかし、日本語に訳してしまうと、英語独特の言い回しやその作者のもつ表現の特徴は、ほぼ失われてしまう。特にスラングなどは日本語に訳しようがない。

　英語を英語として理解したときに、初めて味わえる世界がある。アプリの翻訳機能が発達しても、外国語を学ぶ意義そのものは失われないはずだ。

採点者の評価

改行しすぎで、話のかたまりがつかめません。

何が問題なの？

　最近の傾向として、メールを打つような感覚で頻繁に段落分けをする人が多いようです。メールの場合は、そうしないと画面が文字で埋め尽くされて読みにくいからですが、メールと小論文は違います。小論文には、きちんとした構成が求められます。 **PART1** でも学んだように、**「話のかたまりごとに段落を分ける」** ことが大事です。ですから、**話が転換したところで改行し、段落を分けます**。

この答案例であれば、次のように段落分けをするとよいでしょう。

**バッチリ
答案例**

　外国語を学ぶことは、自分自身の世界を広げることになる。たとえば、
≫外国語を学ぶことの意義について
私は英語を学んでいるが、それによって、英語で書かれた本やニュース記事を理解できるようになった。これは、今まで知ることができなかった世界に触れられるようになったことを意味する。

　私は、ミステリー小説が好きで、勉強を兼ねて英語で書かれた作品を
≫具体的な事例

読んでいる。作品の中で、外国の人の考え方や現地の文化にも触れることができ、新しい発見が多い。もちろん、日本語訳がある作品もあるし、現代では自動翻訳のソフトがある。英語を学ばなくてもそうした書物に触れることは可能かもしれない。しかし、日本語に訳してしまうと、英語独特の言い回しやその作者のもつ表現の特徴は、ほぼ失われてしまう。特にスラングなどは日本語に訳しようがない。

　英語を英語として理解したときに、初めて味わえる世界がある。アプリの翻訳機能が発達しても、外国語を学ぶ意義そのものは失われないはずだ。

≫全体のまとめ

このように、「話のかたまり」をもとに段落分けをすると、書かれていることがサッと頭に入ります。内容にもよりますが、**800字くらいであれば3〜4段落に、1000〜1200字くらいなら5段落に分けるのが目安です。**

また、基本的なことではありますが、段落の冒頭は1字あけてから書き始めます。この点もしっかり守りましょう。

まとめ

▶ 段落分けをまったくしないと読みづらい。逆に、頻繁に段落分けをしても読みづらくなるので注意する。

▶ 全体が400字くらいになったら、途中で段落分けをするとよい。

▶ 話が転換したところで改行し、段落を分ける。

▶ 800字くらいであれば3〜4段落に、1000〜1200字くらいなら5段落に分けるのが目安。

9 一文が長すぎる

書くための材料がそろい、文章にまとめる段階になったら、「一文の長さ」についても注意するようにしましょう。

「下書き」で考えたことをもとにして答案を書く際には、表現面にも気を配るようにします。

一文が長くなりすぎないように気をつけましょう。

問題

高齢化によって社会にどのような問題が生じると考えるか、述べよ。

イマイチ答案例

　高齢化によって生じる問題は、社会保障費の増大であり、その理由として高齢者は身体が不調になるということが起こりやすく、医療にかかる機会が多くなり、足腰が弱くなってしまうために介護を受ける人も増えていき、人口に占める年金を受給する人の割合も高くなるからである。このため、社会全体としてこれらの社会保障費に充てる費用が増大するということになるが、日本では高齢化が進んでおり、医療・介護などの社会保障費の負担は国民全体にかかわる大きな問題となっている。

文章がわかりにくく、内容が頭に入りません。

何が問題なの？

　　一文が長くなればなるほど、意味が取りにくくなります。 この答案例の「高齢化によって生じる問題は、社会保障費の増大であり、その理由として高齢者は身体が不調になるということが起こりやすく、医療にかかる機会が多くなり、足腰が弱くなってしまうために介護を受ける人も増えていき、人口に占める年金を受給する人の割合も高くなるからである」という部分は、120字以上が一文で書かれているために、非常にわかりづらくなっています。

　　目安としては、**一文が100字を超えるような場合には、途中で文を切る**ようにします。

　　一文が長くなりがちな人は、**「分ける」** ことと **「削る」** ことを意識するようにします。

　　先ほどの「高齢化によって生じる問題は……なるからである」の部分は、内容で **「分ける」** と、次のようになります。

- 高齢化によって、社会保障費の増大という問題が生じている
- 理由１：高齢者は身体が不調になりやすく、医療にかかる機会が多くなる
- 理由２：足腰が弱くなるために介護を受ける人が増える
- 理由３：多くの人が定年を迎えて、65歳から年金を受給するようになる

　　述べようとしている内容は、「社会保障費の増大」「理由１」「理由２」「理由３」に分けることができるので、それぞれを一文に区切るようにします。また、文を並べるときには、**接続表現**を使って文と文の関係を明らかにするようにしましょう。

そして、先ほどの「イマイチ答案例」には、不要な表現があります。「～という」「～てしまう」などの表現は、それらがなくても文の意味は十分にわかります。むしろ、こういった表現を用いることによって、文が長くなり、冗長な印象になります。ですから、これらの表現を **「削る」** ことにします。

以上を踏まえて、短い文で簡潔に言い切る形に直します。

バッチリ
答案例

　高齢化によって生じる問題は、社会保障費の増大である。高齢者は身
体が不調になりやすく、医療にかかる機会が多くなる。また、足腰が弱
　　　　　　　　　　　　　　　　　　　　　　　　　　　　　≫理由2
くなるために介護を受ける人も増えてくる。さらに、人口に占める年金
を受給する人の割合も高くなる。このため、社会全体としてこれらの社
会保障費に充てる費用が増大することになるのだ。日本では高齢化が進
　　　　　　　　　　　　　　　　　　　　　　　≫全体のまとめ
んでおり、医療・介護などの社会保障費の負担は国民全体にかかわる大
きな問題となっている。

≫高齢化によって生じる社会問題
≫理由1
≫理由3

このように、短い文で言い切りながら書かれていると、内容をサッと理解することができますね。

読む人のことを考えて、短い文で簡潔に表現することを心がけましょう。

まとめ

▶ 一文が100字を超えるような場合には、途中で文を切るようにする。

▶ 一文が長くなりがちな人は、「分ける」ことと「削る」ことを意識する。

▶ 読む人のことを考えて、短い文で簡潔に表現することを心がける。

10 文末がワンパターン

文章を書いてみたら、同じような表現が連続してしまったという人もいるのではないでしょうか？
ここでは、文末にバリエーションを出すための工夫を学びましょう。

　文末がワンパターンだと、文章が単調になりますし、読む人に稚拙な印象を与えてしまいます。

　細かいことですが、「文末」にまで意識を向けると、答案の印象が変わります。

問題

国民の健康寿命を延ばすための取り組みを述べなさい。

イマイチ答案例

　健康寿命の延伸は本人の幸福感を高めると同時に、医療費の負担軽減にも資することであり、積極的に取り組んでいくことが必要である。

　まず、行政が中心となって高齢者向けの運動教室の開催に取り組む必要がある。公民館や市民ホールなどにスポーツトレーナーを招き、高齢者向けの運動メニューを紹介していくことが必要だ。たとえば、自宅でできる運動や体操メニュー、仲間とできる軽い運動などを伝え、その普及に取り組んでいく必要がある。……

採点者の評価

文末がいつも同じで、くどいです。

何が問題なの?

　文末に「〜必要である」「〜必要がある」「〜必要だ」「〜必要がある」と、**同じような表現が連続しています**。大きな「ミス」ではないものの、答案として印象がよくないのはたしかです。

　特に、何かの「取り組み」を書くときには、「〜が必要だ」「〜取り組むべきだ」といった表現が連続しやすいので注意しましょう。**文末の表現を適宜変えながら書いていくようにします。**

バッチリ　答案例

　健康寿命の延伸は本人の幸福感を高めると同時に、医療費の負担軽減にも資することであり、積極的に取り組んでいくことが必要である。

　まず、行政が中心となって高齢者向けの運動教室を開催**すべきだ**。公
▲文末の表現を変えている
民館や市民ホールなどにスポーツトレーナーを招き、高齢者向けの運動メニューを紹介していくと**よい**。たとえば、自宅でできる運動や体操メ
▲文末の表現を変えている
ニュー、仲間とできる軽い運動などを伝え、その普及に取り組んでいくことが**求められる**。……
▲文末の表現を変えている

　先ほどと同じ内容ですが、文末の表現を変えて、「必要」という語句が連続しないようにしてあります。この他にも、「〜すると効果がある」「〜することが望まれる」などの表現が使えます。**文末表現のバリエーションをたくさんもっておくと、単調な印象になることを防げます。**

また、「積極的に取り組んでいくことが必要だと考える」「高齢者向けの運動教室を開催すべきだと考える」というように、**「〜考える」が連続する答案**も、ときどき見かけます。自分の考えを述べていることは明らかなので、この場合は、「積極的に取り組んでいくことが必要だ」「高齢者向けの運動教室を開催すべきだ」とすればよいのです。

なお、「私の考え」を強調したい場面では、「私は……と考える」という表現を使ってもよいでしょう。

以下に、**代表的な言い換え例**を示しておきます。答案を書くときに、文末がワンパターンにならないように、表現のバリエーションを増やしておきましょう。

代表的な言い換え例

- 「取り組み」「解決策」などを書くときに使える言葉
  「〜必要だ」「〜すべきだ」「〜(すると)よい」「〜が求められる」「〜すると効果がある(効果的だ)」「〜することが望まれる」「〜が重要だ」など

- 自分の行動を表現する言葉
  「〜を実行した」「〜に向けて行動した」「〜に取り組んだ」「〜を実践した」など

まとめ

▶ 文末がワンパターンにならないように、表現のバリエーションを増やす。

小論文を
書いてみよう①

問題文のみの出題

ここからは 3 つの出題パターン別に、
小論文の書き方を実践的に解説していきます。
まずは、最も基本的な「問題文のみの出題」に
取り組んでみましょう。

「問題文のみの出題」で基礎固めをする

主な出題パターンは3通り

この本の[巻頭特集]で述べたように、**小論文試験の出題パターン**を大まかに分類すると、次の3つになります。

- 問題文のみの出題
- 課題文つきの出題
- 図表つきの出題

このうち、「問題文のみの出題」とは、

- **「選択的夫婦別姓制度を導入すべきか否かという議論について、あなたの意見を述べよ」**

というように、問題文だけが書かれているものです。課題文も図表も何もついていません。

大学入試の場合、課題文や図表がついている出題のほうが一般的ですが、**まずは最も基本的な「問題文のみの出題」で基礎固めをする**ことが大切です。

このタイプの出題でうまく書けるようになったら、「課題文つきの出題」「図表つきの出題」へと**ステップアップ**していきましょう。

答案を書くときの「手順」を確認しよう

PART 1 で述べたように、答案を書くときの**「手順」**は次の通りです。

1 問われていることを理解する(問題文の分解)

2 大まかな構成を考える

3 「主張」を設定する

4 「理由」や「具体例」で補強する(なぜ、たとえば、どのように)

5 文章としてまとめる

上記の「手順」は、小論文を書くときの根本になります。

単純な形式の出題であっても複雑な形式の出題であっても変わりません。

また、300字程度の少ない字数の答案であろうと、2000字程度の字数の多い答案であろうと、この「手順」が基本になります。

もしも、途中で書き方がわからなくなったら、必ずこの「手順」に立ち返りましょう。

それでは、次のページから、「手順」に沿って、小論文を書く練習をしていきましょう。

1 インターネット利用のリスクへの対処法

問われていることを正しくつかみ、「下書き」を作り、答案にまとめていく過程を確認していきましょう。

Aさん

● 理工学部志望
勉強や趣味で毎日インターネットを利用している。
インターネット上のニュースもよく閲覧している。

問題

インターネットを利用する際のリスクを1つ挙げ、あなた自身はそのリスクにどのように対処していくか、考えを述べなさい。
900字程度

　この本の **PART1** でも学んだように、まずは、**問題文を分解して、問われていることがいくつあるのかを考えます。**

　この問題では、次の2点が問われています。

問われていること①：
　　インターネットを利用する際のリスクを１つ挙げる

問われていること②：
　　自分自身はそのリスクにどのように対処していくか、考えを述べる

　この２点に正面から答えることを心がけます。

　そして、**設問の細かい指示にも注意を向けます**。問われていることの２つ目に、「自分自身は」とあります。ですから、自分を主語にして「私はこうする」ということを書かなければなりません。問題文の細部にも目を向け、どういう指示になっているのかをよく考えるようにしましょう。

　続いて、答案の大まかな構成を考えます。ここから、「下書き」を作っていきましょう。問われている順番に書けば、過不足なく確実に答えられますし、採点者から見てもわかりやすい文章になります。ですから、「問われていること①」→「問われていること②」の順に考えていくとよいでしょう。**答案をいきなり書こうとせずに、「下書き」を作りながら構成を考えていくことが大切です。**

　字数配分についても考えてみましょう。この２つはどれくらいのバランスで書いたらよいでしょうか？　「問われていること①」の「インターネットを利用する際のリスクを１つ挙げる」というのは、話のきっかけに過ぎません。ですから、**「問われていること②」の「自分自身はそのリスクにどのように対処していくか、考えを述べる」を、解答の中心にもってくる**べきです。

　そして、今回は900字程度書くように指示されています。このくらいの字数であれば、**「全体のまとめ」**にあたる段落もあったほうがよいでしょう。

これらを踏まえると、**「ボックス」（＝大きな枠組み）** は 3 つで、次のような構成になります。

1　問われていること①

インターネットを利用する際のリスクを 1 つ挙げる

> 長くても、全体の三分の一以内にします。

2　問われていること②

自分自身はそのリスクにどのように対処していくか、考えを述べる

> 最も多くの字数を割きます。
> 全体の半分以上は書くようにしましょう。

3　全体のまとめ

（答案全体を通して言いたいこと）

> 簡単に添える程度でよいでしょう。

　全体の構成と字数配分の目安がわかっていると、書くための材料を出しやすくなりますので、この **「ボックス」作りを必ず行うようにしてください。**

それでは、この構成をもとに、それぞれの「ボックス」で、答案に書くための材料を集めていきましょう。

まずは、1つ目の「ボックス」の**「主張」を設定します**。ここでは、**「インターネットを利用する際のリスクを1つ挙げる」**ことが求められています。「主張」とは、問いかけに対して、「一言で言えばこうだ」という端的な答えです。インターネットを利用する際のリスクの1つを示してみましょう。

> インターネット上には、
> 正確ではない情報も含まれています。

出発点としてはこれでよいですね。これを「主張」として、「下書き」に書き込んでいきます。

---

1 問われていること①

インターネットを利用する際のリスクを1つ挙げる

主張

> インターネット上には、正確ではない情報も含まれている \new!/

「主張」を書き込んだので、**「理由」**や**「具体例」**によって、**「主張」を補強していきます**。「インターネット上には、正確ではない情報も含まれている」という「主張」を見たときに、採点者は、「なぜか？」「具体的にはどういう情報のことなのか？」という疑問をもちます。その疑問に答えていくために、**「理由」**や**「具体例」**を書く必要があるのです。

まず、なぜ「インターネット上には、正確ではない情報も含まれている」のかを考えていきましょう。

インターネット上では、誰もが匿名で自由に発言できます。
そのため、不正確な情報が流れやすいと思います。

また、「正確ではない情報」とは、具体的にはどのような情報でしょうか？

「フェイクニュース」のように、
意図的に流される偽の情報があります。

---

1 問われていること①

インターネットを利用する際のリスクを１つ挙げる

主張

> インターネット上には、正確ではない情報も含まれている

なぜか？（＝理由）

> インターネット上では、誰もが匿名で自由に発言できる。そのため、不たしかな情報が流れやすいから \new!/

具体的にはどのような情報か？（＝具体例）

> 「フェイクニュース」のように、意図的に流される偽の情報がある \new!/

「理由」や「具体例」が書き加えられたことで、1つ目の「ボックス」は、「なるほどそうか」と納得できるものになりました。

　次に、2つ目の「ボックス」の材料を出していきましょう。「問われていること②」は、**「自分自身はそのリスクにどのように対処していくか、考えを述べる」**でした。2つ目の「ボックス」は、一番多くの字数を割くところです。「主張」が1つでは説明不足になる可能性があるので、2つ挙げるとよいでしょう。

> 情報をいろいろなところから入手して、比較します。
> また、周りの人と積極的に話して、
> 自分が極端な情報に接していないかを確認します。

2 問われていること②

自分自身はそのリスクにどのように対処していくか、考えを述べる

主張1

情報をいろいろなところから入手して、比較する \new!/

主張2

周りの人と積極的に話し、自分が極端な情報に接していないかを確認する \new!/

「主張」を複数書くときには、内容が重複しないように、違う角度のものを組み合わせます。
　ここに挙げた「主張1」の「情報をいろいろなところから入手する」というのは「情報源を複数にする」ということです。一方、「主張2」の「周りの人と積極的に話す」というのは「情報をもとに他の人と議論する」という

ことですから、別の角度の取り組みと言えます。これならば、内容の重複は
ありません。

　続いて、**それぞれの「主張」に対して、「理由」や「具体例」で補強し
ていきましょう。**

　まず、「主張１」の「情報をいろいろなところから入手して、比較する」
とありますが、なぜそうする必要があるのでしょうか？　**「理由」**を挙げて
みましょう。

　　1つの情報源だけでは、
　　情報が間違っていてもそれに気づくことができません。

　「間違った情報」というのは、たとえばどのようなものでしょうか？　**「具
体例」**を出していきましょう。

　　新型コロナウイルスによる感染症が広がったとき、
　　「トイレットペーパーがなくなる」といった情報が
　　インターネット上で飛び交い、買いだめする人が出ま
　　した。

　さらに、「情報をいろいろなところから入手して、比較する」には、具体
的にどのような方法があるのでしょうか？　ここでも**「具体例」**を挙げて
みましょう。

特定のサイトだけを見るのではなく、
他のサイトに書かれていることも参照します。
また、テレビや新聞の報道も確認します。
そして、情報に客観性があるのか、
信頼できる情報源であるかなどを考えます。

　続いて、「主張2」の「周りの人と積極的に話し、自分が極端な情報に接していないかを確認する」についても、**「理由」**や**「具体例」**を出していきます。

　まず、なぜそのようにする必要があるのか**「理由」**を考えてみましょう。

いったん信じ込んでしまうと、
他の人の忠告が耳に入らなくなってしまうので、
周りの人と積極的に話すことが大切です。

　積極的に話すというのは、具体的にはどのようにすればよいのでしょうか？　読んでいる人がイメージできるような**「具体例」**を出します。

日頃から、学校のクラスメイトや家族などと、
意見を述べ合うことが大事だと思います。
コロナ禍で、インターネット上では、
ワクチンが人体に危険であるという情報が流れました。
このような場合に、「私はワクチンについてはこう思う
けど、あなたはどう思う？」と、意見を述べ合うとい
いと思います。

意見を述べ合うと、どのようなよいことがありますか？

自分が極端な情報に接していた場合は、
この段階で気づくことができます。

ここまでの内容を「下書き」にまとめていきましょう。

2 問われていること②

自分自身はそのリスクにどのように対処していくか、考えを述べる

主張1

情報をいろいろなところから入手して、比較する

なぜそうする必要があるのか？（＝理由）

1つの情報源だけでは、情報の間違いに気づくことができないから \new!/

たとえばどのようなことか？（＝具体例）

新型コロナウイルスによる感染症が広がったとき、「トイレットペーパーがなくなる」といった情報がインターネット上で飛び交い、買いだめをする人が出た \new!/

情報を入手して、比較する方法は？（＝具体例）

特定のサイトだけでなく、他のサイトに書かれていることも参照する \new!/

テレビや新聞の報道も確認する \new!/

情報に客観性があるのか、信頼できる情報源であるかなどを考察する \new!/

主張2

周りの人と積極的に話し、自分が極端な情報に接していないかを確認する

なぜそうする必要があるのか？（＝理由）

＼new!／

いったん信じ込んでしまうと、他の人の忠告が耳に入らなくなるから

具体的にはどのようにすればよいか？（＝具体例）

＼new!／

日頃から、学校のクラスメイトや家族と、意見を述べ合う習慣をつけておくことが大事

＼new!／

コロナ禍で、インターネット上では、ワクチンが人体に危険であるといった情報が流れていた。このような場合に、「私はワクチンについてはこう思うけど、あなたはどう思う？」と、意見を述べ合う

＼new!／

自分が極端な情報に接していた場合は、この段階で気づくことができる

　実際に自分で「下書き」を作っていく際には、誰かが「なぜそうする必要があるの？」「具体的にどのような方法があるの？」と問いかけてはくれません。ですから、**「なぜなのか？」「具体的にはどうするのか？」という2つの疑問を常に自分で発することを意識してください。**

　続いて、最後の「ボックス」です。ここには**「全体のまとめ」**を書くのでした。全体を通して言いたいことを簡単にまとめます。

3　全体のまとめ

（答案全体を通して言いたいこと）

＼new!／

インターネットにはリスクもある。以上のことを実践し、上手に活用したい

これで、それぞれの「ボックス」に入る材料が集まりました。３つの「ボックス」の内容をもとに、答案としてまとめてみます。

　ここで改めて注意したいことがあります。はじめに述べたように、「問われていること②」は、「自分自身はそのリスクにどのように対処していくか、考えを述べる」でした。ですから、「私」を主語にして書かなければいけません。

　このように、**問われていることを何度も振り返り、答案の方向が間違っていないかどうか確認するようにします。**

バッチリ
答案例

　インターネットを利用するにあたっては、「正確ではない情報も含まれ
≫インターネットを利用する際のリスクを１つ挙げる
ている」というリスクがある。インターネット上では、誰もが匿名で自由に発言できるが、それ故に不正確な情報が流れやすいことも事実である。特に「フェイクニュース」のように、意図的に流される偽の情報もあり、注意が必要である。不正確な情報に惑わされないようにするため
≫自分自身はそのリスクにどのように対処していくか、考えを述べる
に、私は次の２つのことを実践したい。
　１つ目は、情報をいろいろなところから入手して、比較するというこ
≫主張１
とである。１つの情報源だけから情報を取っていると、それをそのまま
≫なぜそうする必要があるのか？（＝理由）
信じやすくなる。実際に、新型コロナウイルスによる感染症が広がった
≫たとえばどのようなことか？（＝具体例）
とき、「トイレットペーパーがなくなる」といった情報がインターネット
上で飛び交い、買いだめする人が出た。このような情報を目にしたときには、そのままうのみにするのではなく、他の情報源と比較することが大切だ。そのために、特定のサイトだけを見るのではなく、他のサイトで
≫情報を入手して、比較する方法は？（＝具体例）
はどのようなことが書かれているかを見るようにする。また、同じ問題を、テレビや新聞ではどのように伝えているかも確認したい。それぞれの情報にどれだけの客観性があるのか、そもそも信頼できる情報源であるかなどを考察して、情報の真偽を見極めていきたい。

　２つ目に、周りの人と積極的に話して、自分が極端な情報に接してい
≫主張2
ないかどうかを確認したい。フェイクニュースなどをいったん信じ込ん
≫なぜそうする必要があるのか？（＝理由）
でしまうと、他の人の忠告が耳に入らなくなるケースもある。そうなら
ないようにするために、日頃から、学校のクラスメイトや家族と、意見
≫具体的にはどのようにすればよいか？（＝具体例）
を述べ合う習慣をつけたい。たとえば、コロナ禍のさなか、インターネ
ット上では、ワクチンが人体に危険であるといった情報が流れていた。
このようなときに、自分だけで判断すると、偏った方向に流れがちであ
る。<mark>クラスメイトや家族などに「私はワクチンについてはこう思うけど、
あなたはどう思う？」と問いかけ、いろいろな人と意見を述べ合うように
したい。</mark>もし、自分が極端な情報に接していた場合は、この段階で気づ
くことができる。

　インターネットは便利ではあるが、一定のリスクもある。私は以上の
≫全体のまとめ
ことを実践し、インターネットを上手に活用したい。

この答案が評価される点

● 問題で問われていること２点に、正面から答えられている
● １つ目の対処法と２つ目の対処法で、方向性の違うもの
　を組み合わせられている
● 「自分はそのリスクにどのように対処していくか」について、
　具体的な対処法を書けている

　「取り組み」や「解決策」は、解答の幹にあたる部分ですから、採点者に
伝わるように、とにかく具体的に書く必要があります。しかし、実際には、
この点ができていない人がとても多いのです。

　　　　で示した部分のような**「具体例」**があることによって、読む人は
「ああ、そういうことか」とイメージすることができます。

　今回のように、**「取り組み」や「解決策」を書くときには、抽象論に逃
げずに、具体的に掘り下げることを意識しましょう。**

続いて、あまり高い評価が得られないと思われる「イマイチ答案例」を紹介します。読みながら、どこがよくないのかを考えてみてください。

イマイチ答案例

　インターネットを利用するにあたっては、「正確ではない情報も含まれている」というリスクがある。インターネット上では、誰もが匿名で自由に発言できるが、それ故に不正確な情報が流れやすいことも事実である。特に「フェイクニュース」のように、意図的に流される偽の情報があり、注意が必要である。不正確な情報に惑わされないようにするために、私は次の2つのことを実践したい。

　1つ目は、他のサイトも見て情報を比較することだ。1つの情報源だけから情報を取っていると、それをそのまま信じやすくなる。実際に、新型コロナウイルスによる感染症が広がったとき、「トイレットペーパーがなくなる」といった情報がインターネット上で飛び交い、買いだめする人が出た。このような情報を目にしたときには、そのままうのみにするのは危険である。インターネット上の複数のサイトを見ながら、他の情報源とも比較することが大切だ。サイトによって違っている情報があれば、どちらが信頼できるのかを自分で考えるようにする。

　2つ目は、同じ問題を、テレビや新聞ではどのように伝えているかを確認することだ。インターネットと、テレビや新聞では、伝えていることが違う場合がある。そこで、両方に目を通して情報を比較することが大切だ。それぞれの情報にどれだけの客観性があるのか、そもそも信頼できる情報源であるかなどを考察して、情報の真偽を見極めていきたい。もし、自分が極端な情報に接していた場合は、この段階で気づくことができる。

　インターネットは便利ではあるが、一定のリスクもある。私は以上のことを実践し、インターネットを上手に活用したい。

何が問題なの?

　この答案では、「他のサイトも見て情報を比較する」「新聞やテレビを見て情報を比較する」と、2つの対処法を挙げています。しかし、**どちらも「別の情報と比較する」という点では同じ**です。多少角度は違いますが、わざわざ取り組みを2つに分けるほどではありません。

　この答案は、「間違い」とまでは言わないものの、評価の高い答案にはなりません。自分で答案を書くときには気づきにくいものですが、先に示した高評価の答案を見たあとでは、物足りないことがすぐにわかると思います。

　同じような内容なら、主張を2つに分ける意味がありません。**話が重複しないように、違う角度のものを組み合わせるようにします。**「取り組み」は多面的に考えることを心がけてください。

まとめ

▶ 「主張」を複数書くときには、内容が重複しないように、違う角度のものを組み合わせる。

▶ 「下書き」を作っていく際には、「なぜなのか?」「具体的にはどうするのか?」という2つの疑問を自分で発して、その答えを書き込んでいく。

▶ 「取り組み」や「解決策」を書くときには、抽象論に逃げずに、具体的に掘り下げる。

2 高校の運動部の活動に時間の上限を設けるべきか

「賛成」「反対」を問われる問題を取り上げます。
大学入試でしばしば見られる出題ですので、答案の書き方を学んでいきましょう。

モデル

Bさん

● **教育学部志望**
高校では、卓球部に所属していた。
将来は中学・高校の英語教員になりたい。

問題

高校の運動部の活動が長時間化していることから、時間の上限を設けるべきだという意見があります。この考えに対して、賛成側、反対側の双方の考え方をまとめたうえで、あなた自身はどのように考えるか、意見を述べなさい。 800字程度

まずは、問題で問われていることを確認します。問題文が長いので、ていねいに整理していきましょう。

問題文を分解すると、次のようになります。

前提：
　高校の運動部の活動が長時間化していることから、時間の
　上限を設けるべきだという意見がある

問われていること①：
　賛成側の考え方をまとめる

問われていること②：
　反対側の考え方をまとめる

問われていること③：
　自分自身はどのように考えるか、意見を述べる

今回は、問われていることが３つあることがわかりました。

次に、**答案の構成**を考えます。問われていること①・②・③の順に書い
ていけばよいでしょう。

字数配分はどうすべきでしょうか。①と②は自分の個人的な意見とは別に
問題点を整理するためのものですから、どちらかに肩入れすることなく、同
じくらいの字数を割いておきます。そして、**小論文では自分の意見を述べ
る部分が一番大事**ですから、③に字数を多めに割くのがよいでしょう。

最後に、「全体のまとめ」を簡単につけておきます。なお、字数的に厳し
ければ、まとめの段落を別につけずに、３つ目の「ボックス」の末尾にま
とめの一文を添えるという書き方でもかまいません。

以上を踏まえると、全体の構成は、次のようになります。

1 問われていること①

賛成側の考え方をまとめる

答案の四分の一程度で書きましょう。

 2 問われていること②

反対側の考え方をまとめる

答案の四分の一程度で書きましょう。

 3 問われていること③

自分自身はどのように考えるか、意見を述べる

答案の半分程度の字数を割きます。

 4 全体のまとめ

（答案全体を通して言いたいこと）

簡単に添える程度でよいでしょう。

それでは、それぞれの「ボックス」に書き込む材料を集めていきましょう。

1つ目は**「賛成側の考え方」**です。「主張」としては、活動時間の上限を設けることに「賛成である」という立場になりますので、その**「理由」**や**「具体例」**を考えていきましょう。

高校の本来の目的は授業なので、
課外活動が中心になることは、
本来の目的から逸脱しています。
また、適度に身体を休養させることも大事です。

よいですね。これを、**「理由」**として書き込んでいきましょう。

---

1 問われていること①

賛成側の考え方をまとめる

主張

＼new!／

活動時間の上限を設けることに賛成である

なぜそう考えるのか？（＝理由１）

＼new!／

高校の本来の目的は授業であるため、課外活動が中心になることは本来の目的から逸脱しているから

なぜそう考えるのか？（＝理由２）

＼new!／

適度に身体を休養させることも大事であるから

それぞれの「理由」を、さらに**「具体例」**で補強します。

ただし、この「ボックス」に書ける字数は、全体の四分の一程度でしたね。**要点だけを書き入れるようにしましょう。**

1 問われていること①

賛成側の考え方をまとめる

主張

> 活動時間の上限を設けることに賛成である

なぜそう考えるのか？（＝理由１）

> 高校の本来の目的は授業であるため、課外活動が中心になることは本来の目的から逸脱しているから

具体的にどういう問題が起きるのか？（＝具体例）

╲new!╱

> 授業の予習・復習やテスト勉強などに十分な時間が割けなくなり、学業に支障が出る

なぜそう考えるのか？（＝理由２）

> 適度に身体を休養させることも大事であるから

具体的にはどういう問題が起きるのか？（＝具体例）

╲new!╱

> 高校生は発育途中であり、無理をさせればけがにつながりかねない

「理由」と「具体例」を示したことで、わかりやすくなりました。

　続いて、２つ目の「ボックス」にも材料を書き入れていきます。今度は**「反対側の考え方」**です。活動時間の上限を設けることに「反対である」という「主張」を補強する**「理由」**を考えます。

「学校の自主性を尊重していない」
「生徒の意欲をそぐことになる」
という2点が、反対する「理由」になると思います。

これに**「具体例」**を加えて、「下書き」を作っていきます。

2　問われていること②

反対側の考え方をまとめる

主張

> 活動時間の上限を設けることに反対である　\new!/

なぜそう考えるのか？（＝理由1）

> 学校の自主性を尊重していないから　\new!/

具体的にはどういうこと？（＝具体例）

> 部活動に力を入れている学校とそうでない学校があり、判断はそれぞれの学校に任せるべき。部活動の強豪校では、十分な練習ができなくなる可能性がある　\new!/

なぜそう考えるのか？（＝理由2）

> 生徒の意欲をそぐことになるから　\new!/

具体的にはどういうこと？（＝具体例）

> 部活に力を入れていて、毎日練習をしたいと考える生徒の思いに応えられない　\new!/

2つ目の「ボックス」は、これくらい材料があればよいでしょう。

最後に、３つ目の「ボックス」について考えていきましょう。ここで問われているのは、**「自分はどのように考えるか」**です。

　材料を出していく前に、まずは**どちらの立場で書くか**を決めなければなりません。こういう場合は、**はっきりと自分の立場を表明するようにします**。「両方とも一理ある」などという書き方は、自分の立場を曖昧にしているだけであり、評価されません。

　賛成、反対、どちらの立場をとろうと、それ自体が評価に響くことはありません。**「なるほど、あなたの言うことは筋が通っていますね」と思ってもらえればよいのです。**

> 私は、活動時間の上限を設けることに「賛成」であるという立場をとります。

　賛成の立場で書く際には、**１つ目の「ボックス」に書いたことの繰り返しにならないように注意しましょう。**

　１つ目の「ボックス」は、あくまでも一般的な賛成側の意見です。「問われていること③」は、「自分自身はどのように考えるか」ですので、３つ目の「ボックス」では**自分が着目した点をもっと掘り下げて書く**などして、違いを出す必要があります。

　ここでは、１つ目の「ボックス」に書いた「理由２」の「適度に身体を休養させることも大事であるから」について、**もっと掘り下げてみる**という戦略で材料を集めていきます。

　自分の学校の状況や、スポーツの教本で学んだことなど、新しい情報を書き込んでいきましょう。

自分自身はどのように考えるか、意見を述べる

主張

活動時間の上限を設けることに賛成である ＼new!／

なぜそう考えたのか？（＝理由）

今の部活動のあり方は科学的な方法論にもとづいていないから ＼new!／

具体的な事例・根拠は？（＝具体例）

私の学校でも、平日に加え、土曜日、日曜日も活動が行われていた。疲れが取れないまま練習をしていた ＼new!／

しかし、スポーツの教本には、数日に一度の休養を設けることが合理的だと書かれている ＼new!／

「理由」と「具体例」を追加したことで、説得力が増しましたね。

　この「ボックス」の中に、もう１つ入れたい要素は、**「反対側の立場の人をどう説得するか」**です。２つ目の「ボックス」で挙げたように、活動時間の上限を設けることへの反対意見もあります。「学校の自主性を尊重していない」「生徒の意欲をそぐことになる」という意見にどう反論すればよいでしょうか？　賛否の分かれる問題では、異なる意見をもつ人たちも納得させるような「反論」を書き込むようにしましょう。

自分自身はどのように考えるか、意見を述べる

主張

活動時間の上限を設けることに賛成である

なぜそう考えたのか？（＝理由）

今の部活動のあり方は科学的な方法論にもとづいていないから

具体的な事例・根拠は？（＝具体例）

私の学校でも、平日に加え、土曜日、日曜日も活動が行われていた。疲れが取れないまま練習をしていた

しかし、スポーツの教本には、数日に一度の休養を設けることが合理的だと書かれている

反対意見1

\new!/
学校の自主性を尊重していない

反対意見1に対する主張（＝反論）

\new!/
学校の自主性に任せると、どうしても無理をする学校が出てくるので、ルールを設けたほうがよい

\new!/
メニューを工夫して、より短時間で効果のある練習法を取り入れるとよい

反対意見2

\new!/
生徒の意欲をそぐことになる

反対意見2に対する主張（＝反論）

\new!/
教員から「休みを入れたほうが合理的なのだ」ということを説明し、納得させるべきだ

これくらい材料が出せていれば、しっかりと反論することができます。

指定字数が多い場合であれば、「ルール」や「練習法」の「具体例」も入れたいところですが、今回は全体が800字程度なので、これくらいでまとめておきましょう。

最後に、4つ目の「ボックス」に、全体を通して言いたいことを書き添えておきます。

4 全体のまとめ

（答案全体を通して言いたいこと）

> new!
>
> 一番大切にすべきは生徒の身体であり、科学的な根拠にもとづいた部活動に改めていくべきだ

これですべての材料がそろいましたね。答案にまとめていきましょう。

バッチリ 答案例

　賛成側の考え方は、高校の本来の目的は授業を通して学ぶことであり、
　　　　　　　　≫賛成側の考え方1
課外活動のほうが高校生活の中心になることは本来のあり方から逸脱しているというものである。長時間にわたる部活動は、授業の予習・復習やテスト勉強などに十分な時間が割けなくなり、学業にも支障が出る。また、適度に身体を休養させることも必要である。高校生は発育の途中
≫賛成側の考え方2
段階にあり、無理をさせればけがにつながりかねないとの考えに立つ。

　反対側の考え方は、一律の規制は学校の自主性を尊重していないとい
　　　　　　　　　　　≫反対側の考え方1
うものである。部活動に力を入れている学校とそうでない学校があり、判断はそれぞれの学校に任せるべきである。部活動の強豪校では時間制限を設けると、十分な練習ができなくなる恐れがある。また、毎日練習
　　　　　　　　　　　　　　　　　　　　　　　　　　≫反対側の考え方2

をしたいという生徒もおり、そうした生徒の意欲をそぐことにもなりかねないとの考えに立つ。

　私は、高校の運動部の活動に時間の制限を設けることに賛成である。
≫自分はどのように考えるか、意見を述べる
今の部活動のあり方は科学的な方法論にもとづいていない面があるから
≫理由
である。私の学校でも、平日に加え、土曜日、日曜日も部活が行われ、
≫具体的な事例・根拠は？（＝具体例）
疲れが取れないまま練習をしていた。しかし、スポーツの教本を読んだ
ところ、筋力の成長のためには数日に一度の休養を設けることが合理的
で、やり過ぎはむしろ逆効果であることが書かれていた。特に高校生は
まだ身体ができあがっていないので、過度な活動は将来の競技生活に悪
影響を与えることも考えられる。

　学校の自主性に任せると、どうしても無理をするところが出てくるの
≫反対意見１に対する主張（＝反論）
で、国などが「部活動の時間はこの範囲に収める」というルールを設け
るほうがよい。その代わり、メニューを工夫して、より短時間で効果の
ある練習法を取り入れるのである。もちろん毎日活動したいと考える生
≫反対意見２に対する主張（＝反論）
徒もいるだろうが、教員から、「休みを入れたほうが合理的なのだ」とい
うことを説明し、納得してもらうようにする。

　一番大切にすべきは生徒の身体であり、そのために科学的な根拠にも
≫全体のまとめ
とづいた部活動に改めていくべきである。

この答案が評価される点

- 問題で問われている３点すべてを盛り込んでいる
- 自分が賛成の立場であることを明確にしている
- なぜ賛成であるのかを論理的に説明できている
- 反対側の意見に対して、論理的な説得材料を提示している

続いて、「イマイチ答案例」を見ていきましょう。

賛成側の考え方は、高校の本来の目的は授業を通して学ぶことであり、課外活動のほうが高校生活の中心になることは本来のあり方から逸脱しているというものである。長時間にわたる部活動は、授業の予習・復習やテスト勉強などに十分な時間が割けなくなり、学業にも支障が出る。また、適度に身体を休養させることも必要である。高校生は発育の途中段階にあり、無理をさせればけがにつながりかねないとの考えに立つ。

反対側の考え方は、一律の規制は学校の自主性を尊重していないというものである。部活動に力を入れている学校とそうでない学校があり、判断はそれぞれの学校に任せるべきである。部活動の強豪校では時間制限を設けると、十分な練習ができなくなる恐れがある。また、毎日練習をしたいという生徒もおり、そうした生徒の意欲をそぐことにもなりかねないとの考えに立つ。

私は、高校の運動部の活動に時間的な制限を設けることに賛成である。高校生活は何よりも学業を優先すべきであるからだ。部活に多くの時間を割いていると学業がおろそかになってしまう。これでは本末転倒だ。高校生は、学業を中心に考えるべきだ。それに、高校生はまだ身体の発達途上である。無理をさせればけがをすることも考えられる。そうなると生徒にとっても不幸なことになる。

学校の自主性に任せると、どうしても無理をするところが出てくるので、国などが「部活動の時間はこの範囲に収める」というルールを設けるほうがよい。その代わり、メニューを工夫して、より短時間で効果のある練習法を取り入れるのである。もちろん毎日活動したいと考える生徒もいるだろうが、教員から、「休みを入れたほうが合理的なのだ」ということを説明し、納得してもらうようにする。

一番大切にすべきは生徒の身体であり、そのために科学的な根拠にもとづいた部活動に改めていくべきである。

　この答案の第三段落に書かれている「高校生活は何よりも学業を優先すべき」「無理をさせればけがをすることも考えられる」という「主張」は、**第一段落の繰り返しに過ぎません**。同じ賛成の立場で論ずるのであっても、第一段落に書いていない部分をもっと掘り下げて書き込み、違いを出す必要があります。

　「バッチリ答案例」には、自分自身の通っていた学校での経験やスポーツの教本で知ったことなど、第一段落にはなかった「新しい情報」が入っています。「新しい情報」をもとにしながら賛成である根拠を示しているので、第三段落が深みのある内容になっています。

まとめ

▶ 「あなた自身はどのように考えるか」と問われている場合には、はっきりと自分の立場を表明する必要がある。

▶ 賛否両論を整理した後、改めて自分の「主張」を述べる際には、すでに書いた内容を繰り返すのではなく、自分が着目した点を掘り下げて書くことで、「違い」を出す。

▶ 賛否の分かれる問題では、異なる意見をもつ人たちも納得させるような「反論」を書き込むようにする。

3 現代に生きる我々が歴史を学ぶ意義は何か

抽象度が高く、深く考察しなければ解答できない問題です。
日頃からニュースなどを見て、
物事を深く考える習慣を身につけておくことが大切です。

モデル

Cさん

● **文学部史学科志望**
高校で世界史を学んで、
歴史に関心をもつようになった。
古代ローマ時代など、西洋史を学んでみたい。

問題

現代に生きる我々が歴史を学ぶ意義は何か、あなたの考えを述べなさい。　800字程度

この問題は、かなり難しいと言えるでしょう。

ひとまず、問題で問われていることを確認します。今回問われていること
は、**「現代に生きる我々が歴史を学ぶ意義は何か」**だけなので、この問い
かけに答えることに集中します。

問われていること：
　現代に生きる我々が歴史を学ぶ意義は何か、考えを述べる

また、800字程度の字数が指定されているので、最後に**全体のまとめの段落**を入れるとよいでしょう。

大まかな構成は、次のようになります。

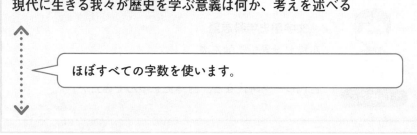

1 問われていること①

現代に生きる我々が歴史を学ぶ意義は何か、考えを述べる

ほぼすべての字数を使います。

2 全体のまとめ

（答案全体を通して言いたいこと）

簡単に添える程度でよいでしょう。

さっそく、問われていることに対する**「主張」**を立てます。

「歴史を学ぶ意義はこれだ」と、一言で言える答えを考えます。
まず、「意義」という言葉の意味を確実に押さえましょう。「意義」とは、「価

値・ねうち」のことです。もっとわかりやすく言えば、歴史を学ぶことが「いかに重要であるか」ということです。ですから、「歴史を学ぶことは大事だ」「意味のあることだ」と言える理由を考えていくとよいでしょう。

とはいえ、「歴史を学ぶ意義」を普段の生活の中で考えることは少ないでしょうから、難しく感じるかもしれません。こういうときは、**「具体例」を先に挙げて、そこから「主張（＝結論）」を導き出す**という方法で考えることもできます。

「歴史を学ぶことは大事だ」「意味のあることだ」と思うような**具体的な場面**から考えてみます。
「歴史を学ぶこと」は、私たちの生活とはあまり関係がないようにも思えるので、これも簡単には思いつかないかもしれませんが、少しでもそのように感じた場面がないかを考えてみましょう。

国際紛争のニュースなどを見たときに、
「歴史を学ぶこと」の大切さを感じたことがあります。

よい場面を考えることができましたね。ただ、これだけでは「なるほど」という納得感が得られません。もっと具体的に、どういう場面で「歴史を学ぶことは大切だ」「意味のあることだ」と感じたかを深掘りしましょう。

中東や東欧で紛争が起きているニュースを見ますが、
歴史的な経緯を知らないと、何が起こっているのか、
なぜこのようなことが起きるのかが
まったくわかりません。
「やはり、歴史を学ぶことは大事だ」と感じます。

だいぶ具体的になってきました。それでは、これを**「具体例」**として書いてみましょう。

---

1 問われていること①

現代に生きる我々が歴史を学ぶ意義は何か、考えを述べる

歴史を学ぶ重要性を感じた場面(=具体例)

世界各地の紛争(中東や東欧の紛争)のニュースを見たとき \new!

なぜ紛争が起きるのだろうか、どうしたら解決できるのだろうか？　と考えるが、歴史的な経緯を知らなければ、現状さえも理解できない \new!

「具体例」をしっかり書き込むことができました。

続いて、今度は逆に「歴史を学んだことが役に立った」という「具体例」を考えてみましょう。

高校で世界史や日本史を学んでいると思いますが、それらの学習がプラスになったと感じた場面を考えます。

先ほどの国際紛争の例で言うと、
世界史で中東のことを学んだおかげで、
ニュースの内容が少しわかるようになりました。
中東の紛争の背景も、多少見えてきました。

これはありそうなことですね。**「具体例」**として書き加えましょう。

1　問われていること①

現代に生きる我々が歴史を学ぶ意義は何か、考えを述べる

歴史を学ぶ重要性を感じた場面(=具体例)

世界各地の紛争(中東や東欧の紛争)のニュースを見たとき

なぜ紛争が起きるのだろうか、どうしたら解決できるのだろうか？　と考えるが、歴史的な経緯を知らなければ、現状さえも理解できない

歴史を学んだことが役に立ったと感じた場面(=具体例)

new!

高校の世界史で中東の歴史を学んだことで、問題が少しは理解できるようになった

new!

中東の紛争の背景が多少見えてきた

　材料はいくつか出てきましたが、このままではかなり遠い世界の話になってしまうので、もっと身近なところでも、歴史を学ぶことが役に立つことはないか具体的な例を考えてみます。自分が直接体験したことでなくてもかまいません。

> 歴史を学ぶことが防災にも役立ちます。
> 日本の各地にはさまざまな古文書や石碑がありますが、その中には、災害の歴史を伝える史料があるということを、以前、本で知りました。

　本で読んだことをもとに、災害の歴史を伝える史料があるという**「具体例」**を出すことができましたね。日本における「災害」とは、具体的にどのようなものでしょうか。さらに掘り下げていきましょう。

津波が来たことを記録した石碑や古文書などです。
2011年の東日本大震災のあとに、
過去に津波が来たことを知らせる石碑などが
各地に残されていることが注目されました。
たとえば、津波を教訓に「ここより下に家を建てるな」
と書かれている石碑です。

「災害の歴史を伝える史料」の「具体例」を挙げることができました。

このような史料を調べることで、過去にどのような地震が起きてどのような被害が生じたのかを知ることができます。それは、今後の地震対策にいかすことができます。こういうことも、歴史を学ぶ意義だと言えるでしょう。

ここまでに挙げた「具体例」を「下書き」に盛り込んでいきましょう。

1 問われていること①

現代に生きる我々が歴史を学ぶ意義は何か、考えを述べる

歴史を学ぶ重要性を感じた場面(＝具体例)

世界各地の紛争(中東や東欧の紛争)のニュースを見たとき

なぜ紛争が起きるのだろうか、どうしたら解決できるのだろうか？　と考えるが、歴史的な経緯を知らなければ、現状さえも理解できない

歴史を学んだことが役に立ったと感じた場面(＝具体例)

高校の世界史で中東の歴史を学んだことで、問題が少しは理解できるようになった

中東の紛争の背景が多少見えてきた

歴史を学ぶことが役に立つ身近な例（＝具体例）

> 地域に伝わる、津波が来たことを知らせる石碑や古文書などの記録 new!

> 津波に関する資料を集めて研究すれば、防災対策に役立てることができる new!

「具体例」を挙げたことで、「歴史を学ぶ重要性を感じた場面」や「歴史を学んだことが役に立ったと感じた場面」、「歴史を学ぶことが役に立つ身近な例」が見えてきました。これらをもとに **主張** を考えてみましょう。

　ここまでに挙げた「具体例」から、「現代に生きる我々が歴史を学ぶ意義は何か」という問いに対して、どのような答えが出せるでしょうか。

　国際紛争にせよ災害にせよ、歴史を知ることで、今起きている現象を知り、私たちがこれから何をすればよいのかを考えるヒントになります。ここに歴史を学ぶ意義がありそうです。

> 歴史を学ぶ意義とは、
> 「現代に起きていることの背景を知り、
> 未来へ向かって何をすべきかを考える手がかりを得る」というところにあるのではないかと思います。

　「具体例」をもとに、しっかりとした「主張」にたどり着くことができましたね。

　このように、**「具体例」→「主張」の順に材料を出していくこともできるのです。**

「主張」を書き加えると、「下書き」は次のようになります。

1 問われていること①

現代に生きる我々が歴史を学ぶ意義は何か、考えを述べる

主張

\new!/
歴史を学ぶ意義とは、現代に起きていることの背景を知り、未来へ向かって何をすべきかを考える手がかりを得ることにある

そのように考えたのはなぜか?(=理由)

\new!/
現代は過去とつながっているので、歴史を知ることが未来を考える第一歩となるから

歴史を学ぶ重要性を感じた場面(=具体例)

世界各地の紛争(中東や東欧の紛争)のニュースを見たとき

なぜ紛争が起きるのだろうか、どうしたら解決できるのだろうか? と考えるが、歴史的な経緯を知らなければ、現状さえも理解できない

歴史を学んだことが役に立ったと感じた場面(=具体例)

高校の世界史で中東の歴史を学んだことで、問題が少しは理解できるようになった

中東の紛争の背景が多少見えてきた

歴史を学ぶことが役に立つ身近な例(=具体例)

地域に伝わる、津波が来たことを知らせる石碑や古文書などの記録

津波に関する資料を集めて研究すれば、防災対策に役立てることができる

「歴史を学ぶ意義とは、現代に起きていることの背景を知り、未来へ向かって何をすべきかを考える手がかりを得ることにある」という「主張」を、「理由」と「具体例」で補強する形になりましたね。

　こうして整理してみると、はじめに考えた「歴史を学ぶ重要性を感じた場面」「歴史を学んだことが役に立ったと感じた場面」「歴史を学ぶことが役に立つ身近な例」が「主張」を裏付ける「理由」や「具体例」になっていることがわかります。

　つまり、今回は、**「理由」や「具体例」を先に考えて、そこから「主張」を導き出した**ことになります。
　問題で問われていることが難しく、問われていることに対する端的な答え（＝「主張」）が出てこないときには、このようなやり方で考えていくこともできます。

　最後に、「全体のまとめ」の段落を考えていきましょう。まとめに多くの字数を割く必要はありません。ここまでに考えたことを踏まえて、簡潔に書きましょう。

2 全体のまとめ

（答案全体を通して言いたいこと）

> 過去は現在と密接につながっている。私自身も、歴史に関心をもって学びたい　\new!/

　分量としてはこれくらいでよいでしょう。

　それでは、答案にまとめていきましょう。

歴史を学ぶ意義とは、現代に起きていることの背景を知り、未来へ向
≫現代に生きる我々が歴史を学ぶ意義は何か、考えを述べる
かって何をすべきかを考える手がかりを得るということにある。私たち
そのように考えたのはなぜか？（＝理由）≫
の普段の生活の中では、歴史を知らなくても特に問題はないように思え
る。しかし、現代に起きていることは、過去とつながっているのであり、
歴史を知らなければ、未来を描くことができない。

私が、歴史を学ぶことの意義を強く感じるのは、世界各地の紛争のニ
≫歴史を学ぶ重要性を感じた場面（＝具体例）
ュースを見たときだ。中東では紛争が繰り返し起きているし、東欧でも
軍事的な争いがある。私はこのようなニュースを見たときに、どうして
このようなことが起こるのだろうか、どうしたら解決できるのだろうか
と考える。しかし、起こっている現象面だけを見ても、何も答えは見つ
からない。こうした紛争は、背景に複雑な歴史的経緯があり、それを知
らなければ、解決策を見出すことはおろか、現状さえも理解できないの
である。

私は高校の世界史の授業で中東の歴史を学び、中東で起きている問題
≫歴史を学んだことが役に立ったと感じた場面（＝具体例）
が少しは理解できるようになった。歴史的な背景を学んだことで、中東
で争いが頻発する理由が多少なりとも見えてきた。解決策は思いつかな
いが、少なくとも、歴史を知らずに解決できるような問題ではないこと
はわかった。

もっと身近なところでも、私たちの暮らしは歴史とつながっている。
≫歴史を学ぶことが役に立つ身近な例（＝具体例）
たとえば、2011年に起こった東日本大震災は、東北地方を中心に大きな
被害をもたらしたが、過去に津波が来たことを知らせる石碑や古文書な
どの記録が各地に残っている。日本では、首都直下地震や南海トラフ地
震が迫っていると言われるが、石碑や古文書などの資料は、どういう場
所が被害に遭いやすいのか、どうすれば被害を減らせるのかを考えるう
えでの参考になり、防災研究において重要な役割を果たすはずだ。

過去と現在は切り離すことができず、歴史は密接につながっている。
≫全体のまとめ
私自身も、大学で関心をもって歴史を学んでいきたい。

この答案が評価される点

● 出題の趣旨をとらえて、書けている
● 歴史を学ぶ意義が、明確にできている
● 具体的な事例を挙げながら、わかりやすく説明できている

続いて、先ほどの答案とは別の角度から書かれた答案例を見てみます。こちらは評価の高くない「イマイチ答案例」です。どこに問題があるのかを考えてみましょう。

イマイチ答案例

　私は、子どもの頃から歴史が好きだ。父の書斎に歴史に関する本がたくさん置いてあり、私も戦国武将の伝記や、三国志などの本を夢中になって読んだものだ。テスト前だというのに、読書に夢中になってついつい夜更かしをしてしまうこともよくあった。歴史を学ぶと、自分がその時代の住人になったような気がして、とても楽しい。

　特に面白いと感じたのは、坂本龍馬についての本を読んだときだった。坂本龍馬は、下級武士でありながら江戸時代末期の混乱期に、その行動力と視野の広さで幕末に活躍した。彼は、薩長同盟を仲介し、江戸幕府倒壊のためになくてはならない役割を果たした。テレビもインターネットも存在しなかった時代に、坂本龍馬は自らの足で歩き、しっかりと情報を収集し、日本がどのような状況にあるのかを把握した。そして、どのような方向性で進むべきかを見抜き、周りの人々を巻き込んで、明確なビジョンをもって行動に移した。彼の卓越した洞察力とリーダーシップは、幕末期の社会を大きく変革させるきっかけとなったと言える。

　もし、坂本龍馬がいなかったら、その後の日本はどうなっていたか、明治維新は成し遂げられたのか、そういう想像も楽しいものである。坂本龍馬に限らず、歴史を学ぶと、「この人はこんな大事な役割を果たしていたのか」と興味をかき立てられる対象にしばしば出会う。当時としては名もなき一介の人物が、あとから見れば歴史上大きな意味をもつ役割

PART
3

小論文を書いてみよう①　問題文のみの出題

を果たしていたということがある。そうした発見ができることも歴史を学ぶ魅力の1つである。

　歴史とは、単に過去のできごとを記録したものではない。歴史は、今もなお新たな発見や解釈が続々となされ、その探究には終わりがない。私は、こうした歴史の未知の部分に深く興味をもち、学ぶことによって新たな知識や理解を深めることができる醍醐味を感じている。そして、そこに歴史を学ぶ意義を見出しているのだ。

何が問題なの?

　今回の問題では、「現代に生きる我々が歴史を学ぶ意義」が問われています。前に述べたように、「意義」とは「価値・ねうち」のことです。ですから、この問題は、現代の私たちが歴史を学ぶことがどのような価値をもつのかを答えることを求めているのです。つまり、個人レベルの楽しさではなく、もっと広い意味で「歴史を学ぶことは大事だな」と感じる理由を答えるということです。

　しかし、この答案に書かれていることは、「私にとっての歴史を学ぶ楽しさ」です。「楽しさ」と「価値」は違いますね。自分は楽しくても第三者にとってはそうではないこともたくさんあります。個人的な趣味の領域などは特にそうでしょう。ここでは、「現代に生きる我々が歴史を学ぶ意義＝(なぜそれが大事なのか、意味のあることなのか)」を明らかにすることが求められているので、**「普遍的な価値」**を書く必要があります。

　「バッチリ答案例」では、「現代に起きていることの背景を知り、未来へ向かって何をすべきかを考える手がかりを得る」という形で、歴史を学ぶ「意義＝価値」を明確にできています。これは「歴史を学ぶのが楽しいです」という個人的な思いとは違います。「私たちが歴史を学ぶことには、こういう意味があります」という「普遍的な価値」を示せています。

問題の趣旨からずれている答案では、高評価を得ることはできません。問題で問われていることをしっかり確認し、**問題の意図に沿った解答を書くようにしましょう。**

　今回は、文学部史学科をモデルにしていますが、他の学部でも、**物事の本質的な意義を問う出題**はいくらでも考えられます。

　たとえば、次のような問題です。

- **法律を学ぶ意義とは何か**
- **数学は社会の中でどのような意味をもつか**
- **芸術が社会に与える価値とは何か**
- **経済学が社会に与える影響とは何か**
- **工学が社会に貢献する方法とは何か**

　このような問題も、今回のように、具体的にどういう場面で役立っているのかということから考えて、それをもとに「主張」を導き出すと、答案を書きやすくなります。

　「本質的な意義」と言われると難しく感じるかもしれませんが、具体的なケースを考えれば、その意義も必ず見えてきます。「主張」と「理由」「具体例」の間にはつながりがあるので、**「具体例」から考え始めることで、「主張」を導き出すことができる**のです。

　さらに、もう1点補足しておきます。

　今回のような問題に限らず、小論文試験で高い評価を得るためには、**普段から「考える」習慣をつけておくことが大切です。**

　たとえば、国際紛争のニュースを見たときに、自分には関係ないことだとスルーしたらそれまでです。情報をもとに自分なりの考えをもつことを心がけるようにしてください。「この問題が起こった原因は何だろう?」「この問題の背後にはどのような考え方があるのだろう?」「このできごとは世界中

にどのような影響を与えるだろう？」というように、さまざまな角度から考察してみます。**考えること自体が小論文試験の対策になるのです。**

　普段から積極的に問いを立て、考えを深める習慣をつけることが、小論文試験で説得力のある答案を書く力につながります。

　少なくとも、自分の志望分野に関連するニュースは、関心をもって積極的に見るようにしましょう。たとえば、法学部志望であれば法律や政治のニュース、医学部志望であれば医療に関連したニュースに関心をもち、「なぜこのような問題が起きているのか？」「どうすれば解決できるのか？」といったことを考える習慣をつけておきましょう。

まとめ

▶ 「主張」を立てるのが難しい場合には、「具体例」を先に挙げ、そこから「主張（＝結論）」を導き出す方法で考えることもできる。

▶ 「意義」を問われているときには、単なる「楽しい・好きだ」ではなく、そのことがもつ「価値・ねうち」について、掘り下げて考える。

▶ 問題の趣旨からずれている答案では、高評価を得ることはできない。問題で問われていることをしっかり確認して、問題の意図に沿った解答を書く。

▶ 小論文試験で高い評価を得る答案を書くためには、普段から「考える」習慣をつけておくことが大切。

▶ 「なぜこのような問題が起きるのだろう？」「どうすれば解決できるのか？」と考えること自体が小論文試験の対策になる。

PART

4

小論文を
書いてみよう②

課題文つきの出題

「課題文＋問題文」は、
大学入試で頻出の出題形式です。
学部を問わず出題されているので、
しっかりと書き方をマスターしましょう。

「課題文つきの出題」は
大学入試小論文の要

なぜ課題文つきの出題が多いのか

課題文つきの小論文の問題は、大学入試で出題頻度が高く、出題パターンの中核を占めています。

これには理由があります。大学の先生たちは、普段の研究活動の中で、他の人の書いた論文を読み、それに対する意見を自分の論文の中で述べることがよくあります。そして、その論文を読んだ他の学者が、またそれについての意見を論文で書くということが繰り返されていきます。

これは、学問の発展にとって非常に重要なことです。お互いに論文を読み合い、意見を述べ合うことで、「何が正しいのか」ということが見えてきて、学問が進歩・発展していくのです。大学入試の「課題文つきの出題」は、受験生にこれを疑似体験させ、学術研究に必要な力があるかを見るためのものと言えるでしょう。

大学入学後も、レポートを書いたり、論文を書いたりする機会が多くあります。そうした場面でも、**「他人の文章を読んで、それに対して意見を述べる」**ということが求められます。課題文つきの小論文の問題を通じて培ったスキルは、大学生活や卒業して社会に出てからも役に立つのです。

どんな課題文であってもやるべきことは同じ

　大学入試で出題される課題文には、さまざまなバリエーションがあります。たとえば、専門家が書いた文章や新聞記事、軽いタッチのエッセイなどが挙げられます。しかし、どのようなタイプの出題であっても、**著者の言いたいことを正確に把握し、それを踏まえたうえで答案を書く**ことが基本となります。そのため、まずは、課題文で著者が何を伝えたいのかを正確に理解することが重要です。

　また、**「問題で問われていること」**についても正確に理解することが欠かせません。

　「問題で問われていること」に対する答えを書くために、課題文を読み解き、分析をしていくのですが、「問題で問われていること」をきちんとつかめていなければ、正しい分析をすることはできません。答案を書く前の「手順」として、「問題で問われていること」をつかむ作業が重要であることは、これまでに説明してきた通りです。

　なお、この本の[巻頭特集]でも述べたように、課題文つきの出題は、自分の意見を書くことが求められる**本来の「小論文」の問題**と、筆者の考えを説明する**「現代文」の問題**とに分かれます。「現代文」の問題の場合は、自分自身の意見は書かないので、注意が必要です。

　「課題文つきの出題」で上手に答案が書けるようになれば、大学入試の小論文に対応する力が大きく広がったことになります。 この PART 4 では、課題文の読み解き方と解答の仕方をていねいに解説しています。積極的に学習して、理解を深めてください。

1 科学的に安全が証明されている とはどういうことか

まずはウォーミングアップとして、ごく短い課題文を取り上げます。
基本的な考え方を理解しましょう。

　まずは、次の問題から始めてみましょう。課題文の字数も少なく、内容も理解しやすいと思います。

モデル

● 環境政策学部志望
環境問題に関心がある。
プラスチックごみの問題や海洋汚染について
研究したいと考えている。

Dさん

問題

次の文章を読み、あとの問いに答えよ。

　私たちが食品を買うとき、「天然素材」「無添加」と書いてあるとなんとなく安心し、「防腐剤使用」などと書かれていると、なんとなく身体に悪いのではないかと不安になる。しかしそれは本当に正しい反応なのだろうか。たとえば、「天然」のふぐには猛毒が含まれているし、「天然」のキノコにも毒をもつものが多い。食中毒を引き起こすウイルスやカビ

も「天然素材」である。一方、人工的な添加物であっても科学的に安全であると証明されていれば、人体に害を与えることはない。要するに、「天然・無添加」であるかどうかが問題なのではなく、科学的に安全が証明されているかどうかが問題なのである。

問 課題文を読んで、あなたが考えたことを述べよ。 350字程度

まずは、問題で問われていることを確認していきましょう。

●課題文を読んで、考えたことを述べよ

「問われていること」は上記の1つだけですから、これに答えることにすべての字数を使います。

自分が考えたことを書くにあたって、まずは、**課題文の趣旨をとらえる**ことが必要です。さっそく、課題文の言いたいことが何かを確認していきましょう。もし、**課題文の核心**を一文で抜き出すとしたらどこになるでしょうか？　短い文章ですから、さほど難しくないと思います。課題文が言いたいことは、次の一文に集約できます。

●**「要するに、『天然・無添加』であるかどうかが問題なのではなく、科学的に安全が証明されているかどうかが問題なのである」**

この一文の中の「要するに……なのである」という表現に注目しましょう。これは、自分の考えをまとめようとしている合図です。ですから、これが、筆者の言いたいことの核心だとわかります。小論文で言えば**「主張」**にあたる部分ですね。これより前に書いてあることは、「主張」を補強するための**「理由」**や**「具体例」**にあたります。

PART 4 小論文を書いてみよう② 課題文つきの出題

課題文の構造を、小論文を書くときの「下書き」にあてはめてみると、次のようになります。

● 「主張」
　…「天然・無添加」であるかどうかが問題なのではなく、科学的に安全が証明されているかどうかが問題なのである

● 「なぜそう言えるの？（＝理由・具体例）」
　…「天然」のふぐには猛毒が含まれているし、「天然」のキノコにも毒をもつものが多い
　…食中毒を引き起こすウイルスやカビも「天然素材」である
　…人工的な添加物であっても科学的に安全であると証明されていれば、人体に害を与えることはない

　こうして分析すると、「主張」を論証するために、ふぐやキノコなどの例が挙げられているのだとわかります。
　この本では、小論文を書くときには、**まず「主張」を立てて、それを「理由」や「具体例」で補強する**ということをお伝えしました。それが文章を書くときの基本だからです。課題文を読み解くときにもこの考え方を活用し、「筆者は何を『主張』しているのか？」「『主張』に対してどういう『理由』や『具体例』で説明しているか？」と考えながら読むと、課題文の意図がつかみやすくなります。

　続いて、答案を書くときの方針を考えていきましょう。
　「課題文を読んで、あなたが考えたことを述べよ」と問われているので、「課題文にはこう書いてある。そのうえで私はこう考えた」という流れで書けばよいとわかります。
　そのために、まず、自分の **「主張」** を設定します。
　課題文の趣旨は、「『天然・無添加』であるかどうかが問題なのではなく、科学的に安全が証明されているかどうかが問題なのである」でした。これに

対して、自分の「主張」を書くわけですが、課題文が言っていることは、**賛否両論のある考え方**です。「その通りだな」と思う人もいれば、「いや、やっぱり天然素材のほうが安心できるよ」と思う人もいるでしょう。問題では「課題文を読んで、あなたが考えたことを述べよ」と指示されているので、必ずしも賛否にこだわらず、自分の思ったことを自由に書いてかまいません。ただ、この課題文の見解は賛否が分かれるものなので、**肯定的な立場**であるのか**否定的な立場**であるのかを明確にしたほうが、書きやすくなります。

　今回のような課題文であれば、自分は課題文の意見に肯定的な立場なのか否定的な立場なのかを考えることから始めるとよいでしょう。何を書いたらよいかわからないという場合には、まずこのやり方で考えてみましょう。

　ただし、ここで注意しておきたいのは、肯定的な立場であっても否定的な立場であっても、**課題文に対して意見を述べるときには「課題文を超える」必要がある**ということです。課題文にない要素（＝自分が考えたこと）を加えないと、評価はされません。

　「課題文を超える」答案を書くための代表的な方法としては、次のようなものを挙げることができます。

● 肯定的な立場で書く場合
　➡ **課題文の主張をベースにしつつ、課題文にない「新しい論点」を提示する**
　➡ **課題文とは別の角度から、その正しさを証明する**

● 否定的な立場で書く場合
　➡ **課題文の「弱点」や「矛盾」を突く**

　上記を踏まえて、今回は、立場の異なる２つの答案例を考えていきましょう。

まずは、**肯定的な立場**で考えます。

　肯定的な立場の場合には、**課題文の主張に賛同しつつ、課題文に書かれていないことをさらに深く掘り下げていきます**。そのために、**「課題文が書き切れていないところ」**に注目します。
　課題文の主張はあくまで、「安全性をどういう基準で判断すべきか」という「判断基準」の話にとどまっています。では、「消費者」はどうあるべきでしょうか？　そこに着目して**自分なりに考察を広げてみましょう。**

　　自分自身も「消費者」ですが、
　　表面的な言葉のイメージに踊らされてしまうなど、
　　情報に対して受け身なところがあると思います。

　出発点としては、これでよいでしょう。自分自身の経験から、「消費者」について考察を広げることができています。

　それでは、これを「下書き」に書いていきましょう。

問われていること

課題文を読んで、考えたことを述べよ

課題文の趣旨

> 「天然・無添加」であるかどうかが問題なのではなく、科学的に安全が証明されているかどうかが問題なのである　　＼new!／

自身の立場

> ＼new!／
> 課題文に肯定的な立場

主張

> 消費者は表面的な言葉のイメージに踊らされ、受け身になっているところがある \new!/

これをさらに深掘りしていきましょう。「表面的な言葉のイメージに踊らされ、受け身になっている」とありますが、たとえば、どのようなことがそれにあたるのでしょうか?

> 「天然素材」かどうか以外にも、
> 「国産」だから安心、「外国産」だと不安だと
> 感じることがあります。

「具体例」がしっかり出せましたね。

そのような表面的な言葉のイメージに踊らされないためにはどのようなことに気をつけたらよいのか、具体的な方法を考えましょう。「下書き」に書き加えていきます。

問われていること

課題文を読んで、考えたことを述べよ

課題文の趣旨

> 「天然・無添加」であるかどうかが問題なのではなく、科学的に安全が証明されているかどうかが問題なのである

自身の立場

> 課題文に肯定的な立場

主張

消費者は表面的な言葉のイメージに踊らされ、受け身になっているところがある

たとえば、どのように踊らされているのか？（＝具体例）

�new!

「天然素材」かどうか以外にも、「国産」だから安心、「外国産」だと不安だと感じることがある

具体的にどうすればよいのか？（＝具体例）

〉new!

安全かどうかは、生産者が公開している生産方法や保存方法などの情報から判断すべき。商品についた二次元コードから調べることができる

〉new!

食品添加物などを、むやみに不安がるのではなく、食品の安全性がどのように決められているのか、正確な情報を知っておくべき

全体のまとめ

〉new!

消費者には、「情報リテラシー」が求められている

　課題文をもとに、食品を選ぶときの「判断基準」の話から、「あるべき消費者の姿勢」に論を発展させることができましたね。このように課題文の内容を踏まえたうえで、**「新しい論点」**を盛り込み、**「自分なりの考察」**を加えていくことで、「課題文を超えた」答案になります。

　それでは、これを文章としてまとめていきましょう。今回は、字数が少ないので、同じ段落の中に「まとめ」を入れておきます。

バッチリ
答案例

　課題文の指摘する通り、私たち消費者は、表面的な言葉のイメージに
≫課題文に肯定的な立場　　　　　≫主張
踊らされている面がある。「天然素材」かどうか以外にも、たとえば、農
　　　　　　　　　　≫たとえば、どのように踊らされているのか？（＝具体例）
産物が「国産」であると安心し、「外国産」だと多少なりとも不安を感じ

てしまうことがある。しかし、本来は生産者が公開している生産方法や保存方法などの情報から判断すべきものである。最近では、商品についた二次元コードから簡単に調べることができるようになっている。食品添加物にしても農薬にしても、どれくらいの量なら安全なのかは実験によって確かめられ、その基準に従って使用されている。むやみに不安がるのではなく、私たち消費者が、商品の安全性がどのように決められているのか、正確な情報を知っておくべきである。そのためには、情報に対して受け身であってはいけない。消費者には「情報リテラシー」が求められるのである。

≫具体的にどうすればよいのか?(＝具体例)

≫全体のまとめ

この答案が評価される点

● 課題文の主張のコピーで終わらず、
「自分で考えたこと」が書けており、付加価値がある
● 具体的な例にもとづいて論証できている

「下書き」から少し順番を入れ替え、「情報に対して受け身になっているところがある」という記述を答案の最後で強調し、印象づけるようにしました。

課題文では、「科学的に安全が証明されているかどうかが問題なのである」というように、商品選びの「判断基準」について述べるにとどまっていました。しかし、この答案では、「消費者としてどのように対処すべきか」という話に発展させています。課題文の繰り返しではなく、自分なりの考察を加えることができているので、「課題文を読んで、あなたが考えたことを述べよ」という問いにふさわしい答案として、評価できます。

課題文に対して自分の意見を述べることが求められているときには、**「課題文にない要素(＝自分が考えたこと)」**が必要です。

課題文に書かれていることをそのまま受け入れているだけの答案では、高い評価を得ることはできません。たとえば、次のような答案です。

　課題文を読んで、筆者の指摘はとても重要であると感じた。たしかに、私自身も「天然素材」や「無添加」といった表示のものにはつい手が伸びてしまい、添加物を使用しているものは避ける傾向にあった。私は「天然」という言葉になんとなくよいイメージをもっていたが、よくよく考えてみると「食中毒を引き起こすウイルスやカビも『天然素材』である」との筆者の指摘は、まったくその通りである。考えが浅かったと反省しているところだ。私は、筆者の指摘をきっかけとして、これからの生活の中で「天然素材」や「無添加」という言葉に対する考え方を改めていきたいと思う。

　この答案は、「課題文の言っていることは、その通りだ」と、そのまま受け入れているだけで、**自分で考えた部分が何もありません**。筆者の主張に同感であるという場合にも、必ず「新しい論点」や「自分なりの考察」を加えていきます。

　「課題文に書かれていないこと」こそが「答案の付加価値」になります。必ず盛り込んでください。

　次に、課題文に**否定的な立場**で、課題文の「弱点」や「矛盾」を突く書き方を考えていきましょう。

　課題文に否定的な立場で書くときには、**課題文に「隙」がないかどうかを考えます**。とはいえ、重箱の隅をつつくような細かい点を指摘しても意味がありません。課題文の主張の根幹にかかわるところで、「隙」がないかどうかを考えていきます。

課題文には、「人工的な添加物であっても科学的に安全であると証明されていれば、人体に害を与えることはない」とあります。一見すると正しいように思えますが、「科学的」な「証明」には、意外と「隙」があります。たとえば、日本で使用を許可されている添加物が、海外では使用が規制されているということがあります。また、過去に許可されていた添加物が、その後、使用禁止となったこともあります。これは何を意味しているのでしょうか?

> 「科学的に安全である」という証明は、
> 絶対的なものとは言えないということですね。

　このあたりが、課題文の「隙」になりそうです。
　「『科学的な証明』は、絶対とは言えない」という**「主張」**をもとに、**「理由」**や**「具体例」**を書いていきましょう。

問われていること

課題文を読んで、考えたことを述べよ

課題文の趣旨

\new!/

「天然・無添加」であるかどうかが問題なのではなく、科学的に安全が証明されているかどうかが問題なのである

自身の立場

\new!/

課題文に否定的な立場

主張

\new!/

「科学的な証明」は、絶対とは言えない

なぜ？　たとえば？（＝理由・具体例）

> 日本では使用を許可されている添加物が、海外では使用が規制されている場合がある　\new!/

> 過去に許可されていた添加物が、その後、安全性に疑いが生じ、使用禁止となったこともある　\new!/

全体のまとめ

> 「科学的な証明」を過信はできない　\new!/

バッチリ 答案例

　課題文は、「天然・無添加」であるかどうかが問題なのではなく、科学的に安全が証明されているかどうかが問題なのだと指摘する。しかし、「科学的な証明」には、絶対とは言えない面がある。 ≪課題文に否定的な立場・主張≫ たとえば、現在日本では使用が許可されている食品添加物が、海外では使用が規制されている場合がある。≪なぜ？　たとえば？（＝理由・具体例）≫ これは、日本では「科学的に安全が証明されている」ととらえているが、別の国ではそうはとらえていないということを意味している。また、過去に日本国内で使用が許可されていた食品添加物が、その後、安全性に疑いが生じ、使用禁止となるという事例もある。このように、「科学的な証明」といっても、実態はかなり揺らぎがあることがわかる。「科学的な証明」を過信はできないのである。 ≫全体のまとめ

この答案が評価される点

● 課題文の主張の「隙」を見つけ、
　「具体例」を挙げながらその「隙」を突いている

● 「課題文にない要素」として、
　自分が考えたことをしっかりと述べている

この答案では、「人工的な添加物であっても科学的に安全であると証明されていれば、人体に害を与えることはない」という課題文の主張の「隙」を見つけ、「具体例」を挙げながらその「隙」を突いています。先ほどとは手法が異なりますが、これも、**「課題文にない要素（＝自分が考えたこと）」を述べている**ことになります。

今回の問題では、課題文に肯定的な立場と否定的な立場の両方の答案例を考えました。

しかし、**常にこの書き方ができるとは限らないので、注意が必要です。**
このパターンで書けるのは、以下の 2 つを満たした場合です。

- **「課題文を読んで、考えを述べよ」というように、筆者の見解に対して、自らの「主張」を述べるという趣旨の問題であること**
- **筆者の見解が、賛否の分かれるような内容であること**

たとえば、今回の問題が、

- **「一般に、消費者はなぜ『天然素材』に付加価値を感じるのか、あなたの考えを述べよ」**

というものであれば、これは筆者の見解に対する意見を求めているわけではないので、課題文に「肯定的」もしくは「否定的」という方向性で書くことはできません。
問題で問われている通りに、「消費者が『天然素材』に付加価値を見出すのは、こういう理由だ」ということを書きます。

また、今回の課題文が、

● 「食品には天然素材と人工的に合成された素材とがある。ただし、『天然素材』といっても、たとえば、ふぐには猛毒が含まれているし、『天然』のキノコにも毒をもつものが多い。食中毒を引き起こすウイルスやカビも『天然素材』である」

といった内容であった場合はどうでしょうか。これはただ事実を述べているだけなので、この課題文に対して、「賛成」や「反対」を表明することはできません。

　このように、小論文にはいろいろな出題の仕方があるため、常に今回のような書き方があてはまるとは限りません。
　出題の仕方や課題文の内容をよく見極めて、答案の方針を考えるようにします。

まとめ

▶ 課題文に対して自分の「主張」を述べることが求められている問題では、まず、課題文の趣旨をとらえる。

▶ 課題文が賛否両論に分かれるようなものである場合には、肯定的な立場と否定的な立場のどちらの方向でも、答案を書くことができる。

▶ どちらの立場で書くとしても、「課題文を超える」必要がある。「課題文にない要素(＝自分が考えたこと)」を必ず盛り込むようにする。

▶ 課題文に対して、賛成や反対を表明するのが適切ではない場合もある。出題の仕方や課題文の内容をよく見極めて、答案の方針を考える。

2 自分と異なるタイプの人と 友人になるべきか

小論文の試験では、必ずしも自分の意見を書く問題だけが出題される
わけではありません。
「問題で問われていること」を読み解く力をつけましょう。

　今回は、エッセイ調の文章を取り上げます。先ほどより長めの課題文がつ
いています。設問が複数ありますので、問題文の読み解き方や解答の仕方を
学んでいきましょう。

モデル

Eさん

● 看護学部志望
子どもの頃から看護師になりたいと考えていた。
小論文は何を書けばよいのかがわからないので、
苦手だと感じている。

問題

次の文章を読んで、問いに答えなさい。

（宮崎県立看護大・後期日程）

⬜1　いっしょにいて楽しく話が盛り上がる友だちは、趣味のあうひと
やセンスが似ているひとであったり、育った環境や家庭の境遇がおなじ
ようなひとのことが多いので、「気心が知れる」という安心感や連帯感

があります。しかし、お互いの気持ちを理解することばかりを意識し過ぎたり、共通の会話ばかりを求めあったりするあまりに、お互いが相手の行動を束縛しあったり、それぞれの個性が伸びていくのをつぶしてしまうこともあるのです。

② 思春期に見られる友だち関係の形として、おなじタイプの子どうしが「暴走族」「チーマー」「ギャルサー」「ギャング」「アキバ」「ゴスロリ」「ロリーター」といった集団をつくることがあります。(中略)

③ 親友探しをしている思春期の子どもにとって、おなじファッションやおなじ趣味の子は、表面上からの理解がしやすくつきあいやすいようです。「かわいい」「かっこいい」「センスがいい」などとお互いをほめあっています。しかし、趣味やセンスがおなじであれば、持ち物が「かぶった」「まねした」「抜けがけした」ということも起きてしまい、友だちでいながら、お互いに対しての憧れと嫉妬心の入り交じった感情が渦巻くこともあります。また、ファッションやスタイルなど外見上のあこがれからスタートした友情は、相手の内面に深く踏み込むことができず、うわべだけになりがちで長続きしないようです。

④ 思春期には、積極的に自分と異なったタイプの人と友だちになり、意見を交流しあったり、刺激を与えあったりしたいものです。タイプが違うことで自分の長所を客観的に評価してくれることもあれば、短所を指摘されることもあるかもしれません。それもまた楽しいものです。

⑤ 私にも、中学校や高校でいっしょに好きなスターのおっかけをして長い時間を過ごした友だちがいましたが、スターへの興味がなくなった時点から会話がつづかなくなり、友だち関係も解消してしまいました。いまだにつづいているのは、ぬくぬくした友だち関係から抜け出せずに上京することをためらっていた私に、「あなたならひとりで生活できるから、いくべきだよ」と言って、背中を押してくれた友だちです。また、失恋したときに慰めてくれるかと思ったら、「あなたが男に甘えようとするからだめなのよ」と厳しく叱ってくれた友だちです。

⑥ 中学生であっても、「あんたの今日のファッション、ちょーイケてないし」「おまえは、はっきり言わないから誤解されるんだよ」などと、

言葉はきつくても相手のことを考えて指摘したりしながら励ましあっている友だち関係には、こころの奥で深く結ばれている強い絆がみえるようで安心してみていられます。

⑦ 友だちに自分にはない、包容力、判断力、探求心、知的好奇心、創造力、社会性、主体性など、優れた力や性質を見出したとき、尊敬する気持ちと同時に、コンプレックスに陥ったり、嫉妬心(ジェラシー)を感じたりすることもあるでしょう。しかし、コンプレックスもジェラシーも、その使い方次第では、自分を励ますためのエッセンスになるのです。私の周りにはコンプレックスをバネにして努力を重ね夢を実現したり、ジェラシーをエネルギーに変えてライバルを追い越した素敵なおとながたくさんいます。 (金子由美子『思春期ってなんだろう』による)

問1 先の問題文において筆者の伝えたいことは何ですか。200字以内で述べなさい。

問2 二重線部はどういうことですか。自分の体験や具体例をもとに300字以内でわかりやすく説明しなさい。

問3 波線部の筆者の見解について、あなたの考えを自分の体験や具体例をもとに400字以内で述べなさい。ただし、解答には本文中の2つの下線部、「内面」・「絆」という言葉を、それぞれ1回以上使用し、その言葉にはすべて下線を引くこと。

　この課題文には、3つの問題がついています。課題文つきの小論文では、このように、複数の問題が設定されているケースが多くあります。

　この本の[巻頭特集]で、**小論文の試験なのに、「小論文」とは言えない出題がある**ことを紹介しましたね。たとえば、「下線部の意味を説明せよ」「筆者の考えをまとめよ」といった問題です。こういう問題は、受験生の意見を聞いているのではなく、課題文の内容を理解しているかどうかを見るために出題されます。それは、「現代文」の問題と同じですから、自分の「主張」

が入る余地はありません。

　とはいえ、このような「現代文」の問題に答えることによって、課題文の内容を深く理解できるようになります。それは、自分の意見を書くときに役立ちますから、「現代文」タイプの問題にも十分に意味があるのです。

　一方、受験生の意見を書かせるときは、以下のような問い方になります。

- **「筆者の主張についてどう考えるかを述べよ」**
- **「〜について自分の意見を述べよ」**
- **「〜に関して論じよ」**

　このような問いが、**本来の意味での「小論文」の出題**です。

　さて、今回は３つの問題がありますが、この中で、受験生の考えが問われている問題はどれでしょうか？

「あなたの考えを」とあるので、 **問3** だと思います。

　その通りです。 **問3** では、「筆者の見解について、あなたの考えを……述べなさい」と問われていますね。このような問いでは、この本でこれまでに説明してきたように、しっかりと自分の「主張」を設定して答案を書いていきます。
　一方、 **問1** と **問2** では、課題文についての説明が求められています。 **問1** は「筆者の伝えたいこと」が問われているので、自分の「主張」は入りません。 **問2** は、「二重線部はどういうことですか……わかりやすく説明しなさい」と問われているので、基本的には二重線部に書かれている内容を説

明します。ここにも自分の「主張」は入りません。ただし、「自分の体験や具体例をもとに」という条件がつけられているので、説明するときには、例として自分の体験などを挙げることになります。

　答案を書き始める前に、**どちらのタイプの問題なのか**をしっかりと確認しておきましょう。

　それでは、１つずつ問題を考察していきましょう。

> ### 問題
>
> **問1**　先の問題文において筆者の伝えたいことは何ですか。200字以内で述べなさい。

　この問題を見たときに、「要約をすればいいんだ」と早合点した人も多いかもしれませんが、ちょっと待ってください。

　ここでは、

●筆者の伝えたいことは何ですか

という問い方をしています。

　「要約」というのは、文章の要点をまとめるということですから、全体的に目配りしながら、はじめのほうから順番にまとめていく必要があります。

　しかし、「筆者の伝えたいこと」であれば、「筆者はこれが言いたいのだ」と、一番大事な部分を解答の中心にもってくる必要があります。そういう意味で、これは単なる「要約」をする問題ではないということがわかりますね。「現代文」タイプの問題でも、**問題文で問われていることをしっかり理解する作業を欠かすことはできません。**

それでは、「筆者の伝えたいこと」をつかむために、まずは**課題文を読み込んでいきましょう**。

　先にも述べたように、課題文を理解する際には、小論文を書くときに使う**「主張」「理由」「具体例」にあてはめながら読んでいく**と、文章の構成を把握しやすくなります。どれにもあてはまらない部分もあるでしょうが、それはそのままでかまいません。あくまでも、大きな枠組みをつかむために、「主張」「理由」「具体例」に注目するのです。

　長い文章には、答案全体を通して言いたい**「大きな主張」**と、各段落で言いたい**「小さな主張」**があります。
　まず、段落ごとの「小さな主張」を読み取り、そのうえで、答案全体の「大きな主張」をつかむようにします。段落によっては「具体例」だけが書かれていて、「主張」がない場合もあります。

　なお、頻繁に段落分けをしている文章では、段落ごとに「主張」をつかむのが難しいので、その場合は、自分で**話の大きなかたまり**をつかみ、その中で「主張」をとらえるようにするとよいでしょう。

　では、実際に課題文の中身を見ていきましょう。

　第①段落には、全体的に**「主張」**に相当することが書かれています。
　前半で、「自分と同じようなタイプの友だちは、安心感がある」という趣旨のことを述べています。後半は「しかし」で話を転じ、「同じタイプは個性が伸びるのをつぶしてしまうこともある」ということが述べられています。「しかし」を挟んで、大きく分けて２つの「主張」が書かれているということがわかればよいでしょう。

　第②段落には、前の段落で触れた、「同じタイプの友人関係」の**「具体例」**が書かれています。

第③段落は、前半で、「自分と同じようなタイプの子は、つきあいやす
い」といったことを述べたあと、「しかし」を挟んで、「憧れと嫉妬心の入り
交じった感情が渦巻く」「うわべだけになりがち」と、マイナス面が書かれ
ています。「しかし」を挟んで、２つの**「主張」**があり、第①段落と同じ
構造になっていますね。この第③段落は、第①段落の内容を言い換えて繰
り返しているのだということがわかります。

　第④段落は、段落全体に**「主張」**が書かれていると考えてよいでしょう。
「〜したいものです」に筆者の思い（＝「主張」）が表れています。この段落に
は、「思春期には自分と異なるタイプの友人を作って刺激を与えあいたい」
「タイプの違う友だちは長所や短所を指摘してくれる」という趣旨のことが
書かれています。

　第⑤段落には、筆者の友人の例が書かれています。これは、第③段落に
書かれていた「同じタイプの友人は、うわべだけになりがち」、第④段落に
書かれていた「タイプの異なる友だちは長所や短所を指摘してくれる」とい
う「主張」の**「具体例」**にあたります。

　第⑥段落は、「タイプの異なる友だちは短所を指摘してくれる」という「主
張」の「具体例」です。先ほどの第⑤段落では自分の体験を挙げていまし
たが、この段落では筆者が見た事例を挙げています。

　最後の第⑦段落では、二重線部を含む一文が筆者の**「主張」**にあたりま
す。「エッセンスになるのです」と断定的な書き方をしていることからも、「主
張」だと判断できます。

　以上で、課題文の概要を確認することができました。

　各段落の「主張」が書かれた部分を取り出すと、課題文のポイントが見え
てきます。

- 第①段落：

「自分と同じようなタイプの友だちは、安心感がある」
「同じタイプは個性が伸びるのをつぶしてしまうこともある」

- 第③段落：

「自分と同じようなタイプの子は、つきあいやすい」
（一方で）「憧れと嫉妬心の入り交じった感情が渦巻く」
「うわべだけになりがち」

- 第④段落：

「思春期には自分と異なるタイプの友人を作って刺激を与えあいたい」
「タイプの違う友だちは長所や短所を指摘してくれる」

- 第⑦段落：

「友だちに自分にはない美点を見出したとき、コンプレックスやジェラシーを感じる場合もある」
「使い方次第では、それをエネルギーに変えることができる」

　課題文の趣旨をつかむときには、このように、段落ごとの「主張」を確認しながら読むようにしましょう。
　「要約」することが求められているのであれば、これらの「主張」を順番に書いていけばよいのですが、今回は「筆者の伝えたいこと」を答える問題ですから、**一番言いたいことをメインにもってくるようにします。**
　この中で筆者が一番言いたいことは何でしょうか？

全体としては、「タイプの異なる友だちを作りなさい」という話ですよね。
それがはっきりと示されているのは、第④段落だと思います。

その通りです。第①段落と第③段落には、「自分と同じタイプの友だちとつきあうことは、居心地はよいが、マイナス面もある」ということが繰り返し書かれています。これを受けて、第④段落には、「主張」が書かれます。

そして、第⑦段落は、第④段落を実践した結果として、「自分と異なるタイプの友だちとのつきあいが自分の成長につながる」ことを指摘しています。つまり、第⑦段落は、第④段落をさらに発展させた解説という位置付けになります。

以上のことから、第④段落の**「思春期には自分と異なるタイプの友人を作って刺激を与えあいたい」**というのが、この課題文全体の「主張」であり、他の段落は、この「主張」の「理由」を説明する役割を果たしているのだとわかります。

それでは、小論文を書くときの手法で、筆者の言いたいことを整理してみましょう。

問われていること

先の問題文において筆者の伝えたいこと

課題文の「主張」

\new!/

思春期には自分と異なるタイプの友人を作って刺激を与えあいたい

なぜか？（＝理由１：同じタイプの友だちの問題点）

\new!/

自分と同じようなタイプの友だちは安心感があるが、個性が伸びるのをつぶしてしまうこともある

\new!/

自分と同じようなタイプの子はつきあいやすいが、憧れと嫉妬心の入り交じった感情が渦巻く。うわべだけになりがちだ

なぜか？（＝理由2：異なるタイプの友だちのメリット）

> タイプの異なる友だちは長所や短所を指摘してくれる \new!/

> コンプレックスやジェラシーを感じる場合もあるが、それをバネにすれば成長できる \new!/

以上を踏まえて、解答を書いてみましょう。

解答例

思春期には、積極的に自分と異なるタイプの人と友だちになり、刺激を
≫課題文の「主張」（一番言いたいこと）
与えあいたいものだ。同じタイプの友人は安心感があり理解しやすくつ
≫理由1
きあいやすいが、うわべだけになりがちで長続きしない。異なるタイプ
≫理由2
の友人は、耳の痛いことも指摘するが、相手のことを考えたからこそで
あり、深い関係性を感じられる。ときに友人の優れた点にコンプレック
≫結論（＝まとめ）
スを感じることもあるが、うまくいかせば自分の成長につなげられる。

はじめに「筆者が一番言いたいことはこれだ」というメインの話をもって
きて、あとは各段落の「主張」で説明する形にしています。

続いて、問2を見ていきましょう。

問題

問2 二重線部はどういうことですか。自分の体験や具体例をもとに
300字以内でわかりやすく説明しなさい。

二重線部の内容を説明する問題です。二重線部は次のようになっています。

● 「その使い方次第では、自分を励ますためのエッセンスになるのです」

下線部の内容を説明する問題では、**下線部の意味を過不足なく説明する**
必要があります。ここで問われていることを要素ごとに分解してみましょう。

● 「その」とは何か

● 「使い方次第では」とはどういうことか

● 「自分を励ますためのエッセンスになる」とはどういうことか

この3つについて、それぞれ説明することが必要です。

下線部の説明では、下線部に「その」「この」などの指示語が含まれてい
ることがありますが、解答上のポイントになるので、独立した要素として取
り出し、きちんと言い換えるようにします。

まず、「その」とは何でしょうか。これは難しくありません。課題文の直
前に書いてある通り、**「自分より優れている友達に対するコンプレックス
やジェラシー」**です。

では、「使い方次第では」とはどういうことでしょうか。ここは、「次第」

の辞書的な意味をよく考えて説明します。「次第」とは、**「状況によってプラスにもマイナスにもなる」**ということです。

最後に、「自分を励ますためのエッセンスになる」とはどういうことでしょうか。これは二重線部のすぐ後ろに書いてあります。**「コンプレックスなどをバネにして自分が成長できる」**ということです。

以上のことから、二重線部の意味をまとめると、

● 「友人に、自分にはない美点を見出したとき、コンプレックスやジェラシーを抱くことがあるが、プラスにいかせば、自分を伸ばす力となる」

となります。**下線部を説明するときには、下線部を分解し、すべての要素を網羅するようにします。**

さて、単なる下線部の説明ならこれでよいのですが、今回は、「自分の体験や具体例をもとに……わかりやすく説明しなさい」という条件がつけられていますので、**「具体例」**を入れる必要があります。コンプレックスやジェラシーが、自分を成長させるプラスの力になったという自分自身の体験や、一般的なわかりやすい例を考えましょう。

> 私の友人に人づきあいのうまい人がいて、
> 人見知りの私はコンプレックスを感じていました。
> でも、彼女を見習うことで自分を変えることができました。

よい材料が出せましたね。この話をもっと具体的にして、答案の中に組み込んでいきましょう。

話を整理するために、「下書き」を作ってみます。

問われていること

二重線部はどういうことか
自分の体験や具体例をもとにわかりやすく説明する

二重線部の説明①

> 友人に、自分にはない美点を見出したとき、コンプレックスやジェラシーを抱くことがある

友人にはどのような美点があるのか？（＝具体例）

> 人づきあいのうまい人で、誰にでも自分から話しかける

> 初対面でもすぐに仲よくなって、周りに人の輪ができる

そのとき自分はどう感じたか？（＝具体例）

> 人見知りの自分は、友人にコンプレックスを感じていた

二重線部の説明②

> プラスにいかせば、自分を伸ばす力となる

どのようにいかしたか？（＝具体例）

> 私もあの人のようになりたい、あの人を見習おうと思った

> 自分から話しかけたら、皆の輪に加われるようになった

> 人見知りも解消された

全体のまとめ

> コンプレックスをそのままにしていては何も変えられないが、プラスにいかせば、成長へのエネルギーとなる

それでは、これを解答にまとめてみましょう。

友人に、自分にはない美点を見出したとき、コンプレックスやジェラ
≫二重線部の説明①・②
シーを抱くことがあるが、プラスにいかせば自分を伸ばす力となる。た
友人にはどのような美点があるのか？（＝具体例）≫
とえば、私の友人に人づきあいの上手な人がいる。誰にでも自分から話
しかけて、初対面でもすぐに仲よくなり、周りに人の輪ができるような
タイプだ。私は人見知りなので、コンプレックスを感じていたが、ある
≫そのとき自分はどう感じたか？（＝具体例）
ときから、私もあの人のようになりたい、あの人を見習おうと思うよう
≫どのようにいかしたか？（＝具体例）
になった。そして、自分から話しかけるようにすると、少しずつ皆の輪
に加われるようになり、人見知りも解消されていった。コンプレックス
≫全体のまとめ
をそのままにしていては何も変えられないが、プラスにいかせば、成長
へのエネルギーとなる。

二重線部を分解して、過不足なく意味を説明し、さらに自分の体験も加え
られています。

問題の指示を踏まえた解答にすることができました。

続いて、問3 を見ていきましょう。ここからがいよいよ、**自分の「主張」**
を設定して答案を書く問題です。

問題

問3　波線部の筆者の見解について、あなたの考えを自分の体験や具
体例をもとに400字以内で述べなさい。ただし、解答には本文中
の２つの下線部、「内面」・「絆」という言葉を、それぞれ１回以
上使用し、その言葉にはすべて下線を引くこと。

さっそく、問われていることを押さえていきましょう。この問題で問われていることは、次の通りです。

問われていること：
波線部の筆者の見解について、考えを自分の体験や具体例をもとに述べる
条件 「内面」「絆」という言葉をそれぞれ１回以上使用し、下線を引く

「問われていること」は、「波線部の筆者の見解」についての「考え」です。「自分の体験や具体例をもとに述べる」とあるので、「具体例」が必要だということもわかりますね。また、「内面」「絆」という言葉をそれぞれ１回以上使用し、下線を引くという条件がつけられていることにも注意します。

なお、今回のように、400字くらいの字数で書く場合には、段落分けをするようにしましょう。

これらを踏まえると、答案の構成と字数配分は、次のようになります。

1 問われていること

波線部の筆者の見解について、考えを自分の体験や具体例をもとに述べる
条件 「内面」「絆」という言葉をそれぞれ１回以上使用し、下線を引く

指定された字数のほとんどを使います。

2 全体のまとめ

（答案全体を通して言いたいこと）

ごく簡単にまとめましょう。

それぞれの「ボックス」に入れる材料を集めていきましょう。

まず、「波線部の筆者の見解」を確認します。波線部の「思春期には、積極的に自分と異なったタイプの人と友だちになり、意見を交流しあったり、刺激を与えあったりしたいものです」という部分は、問1で見たように、**課題文の中で筆者が一番言いたいこと**です。これに対して、自分はどう考えるのか、**「主張」**を設定します。

筆者は「積極的に自分と異なったタイプの人と友だちになること」を勧めているのですが、これをどうとらえるかは、人によって差があるのではないでしょうか。「その通りだな」と思う人もいれば、「そうかな」と疑問に思う人もいるでしょう。ここは、賛否が分かれそうです。そこで、波線部に対して、自分は**肯定的な立場**なのか**否定的な立場**なのかを決めることから始めると書きやすいでしょう。

今回も、角度が違う答案例を2つ考えていきます。
まずは、**肯定的な立場の「主張」**です。

1 問われていること

波線部の筆者の見解について、考えを自分の体験や具体例をもとに述べる
　条件　「内面」「絆」という言葉をそれぞれ1回以上使用し、下線を引く

自身の立場

課題文に肯定的な立場 `\new!/`

主張

異なるタイプの人と友人になると得るものが多く、視野が広がると感じる `\new!/`

自分の体験や具体例

高校時代に、生徒会の役員をしていたときに、自分とは異なるタイプの友人ができた `\new!/`

彼女は陸上部の選手で、インドア派の私は普段かかわることがない人だった `\new!/`

彼女は物事をはっきり言う人で、「あなたの意見には根拠がない。それでは他の生徒が納得しない」などと指摘された `\new!/`

それによって得たものは？（＝具体例）

同じタイプの友人からは得られない意見に触れて、自分を見つめ直すきっかけを得ることができた `\new!/`

2 全体のまとめ

（答案全体を通して言いたいこと）

同質の人との交流は、内面に踏み込まない浅い関係である `\new!/`

異なるタイプの人とは意見がぶつかることもあるが、その結果、自分が成長し、絆も深まる `\new!/`

「内面」「絆」という言葉も使っていますね。この下書きを、文章にまとめてみましょう。

　筆者が述べるように、私も異なるタイプの人と友人になると得るもの
≫課題文に肯定的な立場・主張
が多く、視野が広がると感じる。

　私が生徒会の役員をしていたときに、自分とは逆のタイプの友人がで
≫自分の体験や具体例
きたことがある。彼女は陸上部の選手で、インドア派の私は普段かかわ
ることがない人だった。これを機に親しくなろうと、自分から話しかけ
るようにした。彼女は物事をはっきり言う人だった。「あなたの意見には
根拠がない。それでは他の生徒が納得しない」と指摘され、たしかにそ
うだと思い直したことがある。同じタイプの友人と話していたときには、
≫それによって得たものは?(=具体例)
このような指摘をされたことはなかったが、彼女との交流が自分を見つ
め直すきっかけとなった。

　同質の人との交流は居心地のよいものではあるが、それは内面に踏み
≫全体のまとめ
込まない浅い関係である。異なるタイプの人とは意見がぶつかることも
あるが、その結果、自分が成長し、絆も深まる。私はそのような友人を
積極的に作りたい。

この答案が評価される点

● 波線部の筆者の見解を理解したうえで書いている
● 「自分の体験」や「具体例」を盛り込んでいる

　この答案例は、課題文の見解に肯定的な立場から書いていますが、自らの
具体的な体験を盛り込んでいます。「自分の体験」によって、異なるタイプ
の人と友人になることの意義を論証していますから、**課題文のコピーでは
ありません**。

　このように、課題文に肯定的な立場をとるのは、一番書きやすい方法です。
しかし、書きやすいだけに、同じような答案が続出してしまい、採点者とし

てはあまり面白くないというのもたしかです。採点者である大学教授は、論文を読み込み、互いに論評し合うことで学問を発展させています。ですから、そのような採点者に読んでもらうということを意識して、自分の考えと違う点を見つけて反論したり、別の提案をしたりするなど、**独自性を出して書くことも大切です**。

この点を踏まえて、課題文の見解に**否定的な立場**から、答案に書く材料を集めてみましょう。

そもそも、人を「タイプ」で括れるのだろうか？
という疑問があります。
一見怖そうに見えても、つきあってみると、
実は優しい人だったということもあります。

よい材料が出せましたね。「この人はこういうタイプ」と、一括りにしてしまうことへの**問題提起**になっています。

また、自分と同じタイプに見える人であっても、自分にないよさや性質をもっていることもありますよね。そう考えると、ますます「自分と異なるタイプの人と友だちになろう」とすることに、意味があるのかわからなくなってきます。

この考え方をもとに、「下書き」を作り、答案にまとめていきましょう。

1 問われていること

波線部の筆者の見解について、考えを自分の体験や具体例をもとに述べる

条件　「内面」「絆」という言葉をそれぞれ1回以上使用し、下線を引く

自身の立場

課題文に否定的な立場 `new!`

主張

私は誰かと友人になるときに、タイプは意識していない `new!`

なぜそう考えるのか？（＝理由）

人間は多面的でありタイプで括ることは難しい。同じタイプに見えても `new!`
実際には異なる点が見つかることがある

自分の体験や具体例

私には音楽の趣味が同じ友人がいる。一見同じタイプだが、私は心配性、 `new!`
友人は楽天家と、正反対の面もある。不安になったときには、その人の
アドバイスに助けられている

逆に、私の友人にスポーツが大好きな人がいて、インドア派の私とは正 `new!`
反対のタイプである。しかし、おしゃべり好きであるという点は同じだ

---

2 全体のまとめ

（答案全体を通して言いたいこと）

同じタイプに見える人であっても、自分にないよさや性質をもっている `new!`

ことさらに異なるタイプを求める意味はない `new!`

誰かと深い絆でつながれるのは、その人と語りあい、内面をさらけ出せ `new!`
たときだ

　私は誰かと友人になるときに、タイプは意識しない。そもそも、人間
≫課題文に否定的な立場・主張　　　　　　　　なぜそう考えるのか？（＝理由）≫
は多面的でありタイプで括ることは難しい。同じタイプに見えても異な
る点が見つかることがあるし、逆も又真なりである。

　たとえば、私には音楽の趣味が同じ友人がいて、いつも音楽の話で盛
≫自分の体験や具体例
り上がる。一見同じタイプだが、私は心配性、友人は楽天家で、正反対
の面がある。不安なときはその人のアドバイスに助けられている。逆に、
私にはスポーツが好きな友人がいる。インドア派の私とは正反対のタイ
プだが、おしゃべり好きであるという点は同じで、長電話をする仲であ
る。どちらも本音で話せる友人だ。

　同じタイプに見える人であっても、自分にないよさや性質をもってい
≫全体のまとめ
るのであり、ことさらに異なるタイプを求める意味はない。誰かと深い
絆でつながれるのは、その人と語りあい、内面をさらけ出せたときであ
る。タイプに関係なく、いかに心を開けるかである。

この答案が評価される点

● **安易に課題文に同調せずに、独自性を出している**
●「**自分の体験**」や「**具体例**」を入れて、
　論理的に反論できている

　この答案は、独自の意見を展開できています。「人間は多面的でありタイ
プで括ることは難しい」「同じタイプに見える人であっても、自分にないよ
さや性質をもっているのであり、ことさらに異なるタイプを求める意味はな
い」と、自分なりに論証していますね。

　課題文に肯定的な立場の答案が多くを占める中で、課題文に否定的な立場
から論じている答案が出てくると、目にとまりやすくなります。安易に課題
文に同調せず、あえて反論してみるのも1つのやり方です。

ただし、**反論は論理的にできなければいけません**。これは課題文に同調して書くよりも難しいことです。うまく反論ができなければ、マイナス評価となってしまいます。はじめのうちは無理をしなくてよいですが、答案を書くことに慣れてきたら、次のステップとして挑戦してみましょう。

　答案練習のときには、今回のように課題文に肯定的な立場と否定的な立場の両方から、２つの答案を書いてみるのもよいですね。これは、論理的思考力を鍛えるうえでとても役立ちます。また、このやり方は、異なる視点から課題文をとらえることにつながるので、より多角的に物事を考えることができるようになります。

まとめ

- ▶ 「下線部の意味を説明せよ」「筆者の考えをまとめよ」というような問い方をしている場合には、「現代文」の出題と同じであり、自分の「主張」が入る余地はない。
- ▶ 課題文を理解する際には、小論文を書くときに使う「主張」「理由」「具体例」にあてはめながら読んでいくと、文章の構成を把握しやすくなる。
- ▶ 課題文に肯定的な立場の答案が多い中で、課題文に否定的な立場から論じている答案が出てくると、目にとまりやすくなる。論理的に反論ができそうなら、否定的な立場から論じることも検討する。

3 これからの医療や福祉の在り方について、どうなったらよいと考えるか

「本文を踏まえて」「課題文の内容をもとにして」などの条件がつけられている問題に答える際には、課題文の正確な理解が欠かせません。

先ほどの文章よりやや長めです。文章は平易ですが、福祉についての専門的な話も含まれています。

モデル

Fさん

● **医療福祉学科志望**
高齢者の自宅を訪問するボランティアをしている。
将来は、福祉関係の仕事に就きたいと考えている。

問題

次の文章を読み、以下の設問に答えなさい。

（福井大・後期日程）

1　人口減少の一方で高齢者の割合は高まる。2025年には3人に1人、60年には2.5人に1人が65歳以上になる推計だ。孤立しがちなお年寄りが地域に溶け込みながら過ごすにはどうしたらいいだろう。

（中略）

②　「雪、こんこん降っとるねえ」。富山市のデイケア施設「にぎやか」で、菅(すが)スミ子さん(84歳)が永田心花(ここな)ちゃん(1歳)を抱き上げ、窓の外を見せた。心花ちゃんは、施設で働く職員の娘だ。

③　菅さんは「要支援※2」の介護認定を受けている。洗濯などが難しいため、認知症の症状が出てきた夫(91歳)と通う。普段は重いものを持ち上げられないが、子ども相手なら力がわく。体重10キロの心花ちゃんをあやし、話しかける。施設の代表、阪井由佳子さん(46歳)は「菅さんは子守が上手だから、子どもの方から寄ってくるんだよね」と目を細めた。

④　「にぎやか」は、だれでも通えて、介護や介助、保育を受けられる。利用料は1日2500円で、通所者は15人ほど。介護保険や障害者自立支援法の適用で個人負担は軽くなる。年齢や障害の有無などの「縦割り」を排した全国初の形態は「富山型デイサービス」と呼ばれる。1993年、富山赤十字病院の看護師だった惣万(そうまん)佳代子さん(63歳)ら女性3人が同市内で始めた「このゆびとーまれ」が起源だ。

⑤　惣万さんは活動のきっかけについて、「看護の限界を感じたから」と話す。

⑥　「高齢の患者から『どうして畳の上で死ねないのか』とよく言われた。点滴をして延命できても、それだけでは幸せじゃない。本人や家族が心穏やかに過ごせる居場所が必要だと思うようになった」。退職金をあてて施設を開いた。高齢者だけでなく、乳幼児を連れた母親や障害のある人など分け隔てなく迎え入れた。

⑦　施設の評判が広がる中で、新たな対応を迫られたのが行政だ。富山県は1997年度、高齢者向けの施設として180万円の補助金を出した。1998年度には障害者の利用に対しても補助を認め、360万円に増やした。高齢者、障害者など担当する課が分かれる役所としては、異例の姿勢だった。

⑧　2003年、「富山型」は国から推進特区※に認められ、県内での施設増加につながった。東日本大震災を受けて厚生労働省は2012年、富山型のような「共生型福祉施設※」の設置を被災地に推進するよう通知。

施設の場所やスタッフの確保が難しかったことや、地域コミュニティーを復興させることにも有効と判断した。その後、全国に周知。富山県によると、同種施設は全国で1427カ所（2012年度末現在）。最近では学校の校舎と高齢者施設が一体化されるなど、異なる世代の交流の取り組みは広がっている。

⑨　「にぎやか」の台所で、女性（80歳）が湯飲みを洗っていた。代表の阪井さんが「この人はね、仕事に来てると思うとるのよ」と教えてくれた。女性は昔、そば店で働いていたという。認知症がひどくなり、最初に入った施設で騒いで利用を断られ、にぎやかに移った。

⑩　阪井さん自身、惣万さんが代表を続ける「このゆび」をかつて利用した。息子（20歳）が生まれてすぐに夫と別れ、理学療法士の仕事に復帰し、「我が子をかわいいと思う余裕もなかった」。自由な時間を求めて息子を預け、数時間後に迎えに行くと、息子は初対面のおじいちゃんやおばあちゃんに囲まれてニコニコしていた。「よっぽど家族らしい」。高齢者の穏やかな表情も印象に残った。

⑪　施設の特徴は、ケアされる人が時にケアする人に転じることだ。認知症の人が、泣き出す赤ちゃんにおっぱいをあげようとし、子どもが転びそうになればとっさに手を伸ばす。それはどんなリハビリにも勝るという。子どもをあやしていた菅さんがつぶやいた。「支えて、支えられて、それが幸せなのね」

出典：毎日新聞　一極社会：東京と地方／6　高齢者こそ主役だ（一部抜粋、一部改変）
2015年1月4日11時59分（最終更新1月4日11時59分）
https://mainichi.jp/articles/20150104/org/00m/010/998000c

〈語注〉
※要支援＝常時介護を必要とする状態の軽減、または、悪化の防止に役立つような支援を必要とする状態。もしくは、身体上または精神上の障害があるために、一定期間（6か月）日常生活を営むのに支障があると見込まれる状態
※特区＝民間事業者や地方公共団体による経済活動や事業を活性化させたり、新たな産業を創出したりするために、国が行う規制を緩和するなどの特例措置が適用される特定の地域
※共生型福祉施設＝高齢者、障害者、子どもがともに利用でき、身近な地域で必要な福祉・コミュニティーのための機能をコンパクトに1つの場所で担う施設

PART
4
小論文を書いてみよう②　課題文つきの出題

課題文自体は特に難しいところはなく、理解しやすいと思います。

今回の問題は3つの問いからなっています。問1・問2は課題文にもとづいて説明するものなので、自分の「主張」は入りません。問3のみが、自分の「主張」を書く問題です。

順番に考えていきます。

問題

問1 「富山型デイサービス」が全国に拡がったと思われる理由を75字から100字で説明しなさい。

ここで問われていることは、

•「富山型デイサービス」が全国に拡がったと思われる理由

です。「思われる理由」ですから、本文に書いてあることの切り貼りでは

170

限界があり、多少は自分の想像や推測を交えることになるでしょう。

　まず、「富山型デイサービス」とは何でしょうか。「富山型」と呼ぶくらいですから、よそとは違うところがあるはずです。課題文を読み、どこが違うのかを考えましょう。

　第④段落に「年齢や障害の有無などの『縦割り』を排した全国初の形態は『富山型デイサービス』と呼ばれる」とあります。全国で初めてだったということですから、「『縦割り』を排した」というのが「富山型」の特徴だと考えられます。さらに、第⑥段落では、この「『縦割り』を排した」を、「高齢者だけでなく、乳幼児を連れた母親や障害のある人など分け隔てなく迎え入れた」と、さらにわかりやすく説明しています。そして最後の第⑪段落では、「施設の特徴は、ケアされる人が時にケアする人に転じること」と説明されています。

　一般的なデイサービスでは、対象が高齢者であり、訓練を受けたスタッフがていねいなサポートを行っています。「富山型」では、高齢者に限らず、さまざまな人を受け入れ、さらに、高齢者自身も誰かをケアする機会があるのです。これが「富山型」の特徴だと言えるでしょう。

　また、第②段落や第③段落、さらに、第⑩段落や第⑪段落から、利用者同士のかかわりによって、温かく、充実した時間を過ごせている様子がわかります。このあたりも「富山型」の特徴になりそうです。

　そして、第⑦段落に「施設の評判が広がる中で……」とあります。第⑧段落では、国も動き、「同種施設は全国で1427カ所」になったことが書かれていました。「富山型」のよさが評判を呼んで、行政も動き、全国に拡がったということでしょう。

　以上を踏まえて、解答をまとめていきます。

富山型は年齢や障害の有無などにかかわらず、誰でも通えて、介護や保育が受けられる。これに加え、利用者同士の支え合いがあり、利用者が温かく充実した時間を過ごせる点が評価され、行政も普及へ向けて動いたから。

続いて、**問2** を見ていきましょう。

問題

問2 下線部「支えて、支えられて、それが幸せなのね」について、支えて、支えられてとはどのようなことを指し、それがどうして幸せといえるのか、**本文をふまえて**175字から200字で説明しなさい。

問2 は、下線部について説明する問題です。問題文を分解して、「問われていること」を確認していきましょう。

- **支えて、支えられてとはどのようなことを指しているのか**
- **それがどうして幸せといえるのか**

条件 **本文をふまえる**

上記の2点を、本文をふまえながら明らかにすることが求められています。

「支えて、支えられて」の説明は、下線部のある第⑪段落に書かれています。これは、高齢者がケアをされるだけでなく、子どもの世話をするなど、自らもケアをする立場になることがあるということを示しています。お互いに支え合う関係になるということですね。

続いて、「それがどうして幸せといえる」のかを考えていきましょう。

最後の第⑪段落に、認知症の人が子どもの世話をすることが、「どんなリハビリにも勝る」とあります。また、第③段落には、「普段は重いものを持ち上げられないが、子ども相手なら力がわく」と書かれています。

このあたりからわかるのは、誰かの役に立っているという感覚が、生きがいや幸福感につながるということです。

解答例

高齢の利用者は、介護を受ける人として支えられる側である一方、ときには子どもをあやすなど支える側にもなりうる。「支えて、支えられて」とは、このように、利用者が一方的に世話を受けるのではなく、お互いに支え合う相互関係にあることを指す。一方的に支援を受けるだけでは、無力感に襲われることもあるが、自分も誰かのために役立っているという感覚をもてることは、生きがいや幸福感につながるから、幸せといえるのである。

「支えて、支えられてとはどのようなことを指しているのか」「それがどうして幸せといえるのか」という2つの要素を入れてまとめられました。

最後に、問3 を見ていきましょう。

問題

問3 これからの医療や福祉の在り方について、どうなったらよいと考えますか。本文をふまえてあなたの意見を350字から400字で述べなさい。

問3 は、「あなたの意見を述べなさい」ですから、いよいよ自分の「主張」を書く、**本来の「小論文」の問題**です。

まずは、問われていることを確認していきます。

問われていること：
これからの医療や福祉のあり方について、どうなったらよいと考えるか、意見を述べる
条件 本文をふまえる

「ふまえる」というのは、すでに説明したように、「本文に書いてあることをしっかりと踏みしめてそのうえに立って」という意味になります。
　ですから、**本文から得た学びをもとに、「これからの医療や福祉がこうなったらよいな」という自分の「主張」を書いていくことが求められている**のだということがわかります。

今回の課題文は、答案を書く際の「参考資料」となります。筆者の考えに対してどのような意見をもったのかを問われているのではないので、筆者の意見に「賛成」や「反対」を表明する形では書くことはできません。課題文を参考にして、自分の**「主張」**を書いていきます。

まず、答案の大まかな構成と字数配分を考えていきましょう。

問われていることは「これからの医療や福祉のあり方について、どうなったらよいと考えるか」だけなので、これを説明することにすべての字数を使います。

350字から400字という字数なので、「まとめの段落」は作らなくてもよいでしょう。ただし、内容のまとまりをもとに、適宜改行して書くようにします。

問われていること

これからの医療や福祉のあり方について、どうなったらよいと考えるか、意見を述べる

条件 本文をふまえる

指定された字数のすべてを使います。

それでは、**「主張」**を設定していきましょう。課題文を読んで、どのようなことがわかりましたか?

課題文を読んでわかったのは、
高齢者も乳幼児も障害者も、みんな一体となって
受け入れると、とてもよい効果があるということです。

よいところに気づけましたね。

日本では、高齢者は高齢者施設、障害者は障害者施設で受け入れることが一般的です。この方法は効率的な一方で、地域と切り離されることになり、地域の人との交流が薄れてしまいます。

「富山型」を参考に、皆が集えるオープンスペースを作って、地域で互いに支え合えるようにする。そのような医療や福祉の在り方が望まれるのではないかと考えられますね。

ただし、高齢者や認知症の人、障害のある人が安心して地域で暮らせるようになるには、医療・福祉のサポート体制も必要ですから、その点についても言及しておきたいところです。

緊急時に医療スタッフが訪問する仕組みなどがあれば、安心だと思います。

　これは課題文にはない、**自分自身で考えた提言**です。こういう要素も答案に入れていくと、さらによくなります。

　また、「本文をふまえる」ということですから、本文から得た学びや気づきを盛り込んでおきたいところです。

「富山型」の施設が全国に拡がったのは、施設での一律のケアに多くの人が疑問を感じているからだと思いました。

　では、このような「富山型」のケアのよさを踏まえたうえで、**「主張」**を設定していきましょう。

高齢者や障害者を施設に閉じ込めるのではなく、地域の中で周囲の人と交流しながら、治療や介助ができるようにすることが望ましいと思います。

　よいですね。課題文から得た学びを前提にして考えられていることがわかります。
　ここまでに考えたことを「下書き」に盛り込んでいきましょう。

これからの医療や福祉のあり方について、どうなったらよいと考えるか、意見を述べる

条件 本文をふまえる

主張

> new!
>
> 高齢者や障害者を施設に閉じ込めるのではなく、地域の中で周囲の人と交流しながら、治療や介助ができるようにすることが望ましい

そのためにはどのようにするとよいか？（＝具体例）

> new!
>
> 認知症のある人が、自宅やデイケア施設で、周りの人とかかわって過ごせるようにする

> new!
>
> そのためには、緊急時に医療スタッフが訪問する仕組みなど、安心して療養ができるような制度を整えることも必要

なぜそう考えたのか？（＝理由）

> new!
>
> 日本の医療や福祉は、施設での一律のケアによるものが中心

> new!
>
> 「富山型」の施設が全国に拡がったのは、施設での一律のケアに多くの人が疑問を感じているということだと思うから

全体のまとめ

> new!
>
> 地域の中で暮らし、地域の人たちとかかわりがもてる医療・福祉に転換していくべきだ

以上の「下書き」を、答案としてまとめてみましょう。

これからの医療や福祉は施設内に人を閉じ込めるのではなく、地域の
≫これからの医療や福祉のあり方について、どうなったらよいと考えるか、意見を述べる
中で周囲の人と交流しながら、治療や介助ができるようにすることが望
ましい。たとえば、高齢者や障害のある人をそれぞれの施設の中に囲い
≫そのためにはどのようにするとよいか？（＝具体例）
込むのではなく、自宅やデイケア施設で周りの人とかかわりながら過ご
せるようにするのである。そうすることで、本人の満足感、幸福感も高
まると考えられる。もちろん、そのためには緊急時に医療スタッフが駆
けつける仕組みを作るなど、安心して療養ができる制度を整える必要が
ある。

日本の医療や福祉は、これまで高齢者や障害者のための施設を作り、
≫なぜそう考えたのか？（＝理由）
そこで一律のケアをするというやり方が中心であった。**しかし、「富山型」**
▲課題文を踏まえている
の施設が全国に拡がったということは、一律型の限界を多くの人が感じ
ているということである。地域の中で暮らし、地域の人たちとかかわり
≫全体のまとめ
がもてるような医療・福祉に転換していくことが望まれる。

この答案が評価される点

- 課題文を踏まえたうえで書けている
- どのような医療や福祉がよいか、明確にできている
- 具体的な事例を入れながら、わかりやすく書けている

課題文で説明されていた「富山型」のケアを踏まえて、自分の「主張」を
述べることができました。

続いて、あまり高い評価が得られないと考えられる「イマイチ答案例」を
見ていきましょう。

イマイチ 答案例

　私は、これからの医療や福祉はITを積極的に取り入れていくべきだと考える。医療・福祉の現場は人手不足であり、効率化が求められている。これから労働力人口が減少し、一段と人手不足が深刻になる。今までの人海戦術では、これからの高齢化時代を乗り切ることはできない。そこで、一部は機械に置き換えていくことが必要になる。

　たとえば、高齢者の方の脈拍や心拍数などを自動で計測し、体調管理に役立てていくような仕組みを作っていくべきである。また、福祉の現場に介護ロボットなどを導入することも効果的である。入浴の介助などは性別の問題が絡むため、むしろロボットが行った方がよいと考えられる。また、高齢者の日常生活をサポートするスマートホーム技術の導入や、在宅医療における遠隔診療なども、福祉分野のIT活用の一例である。

　日本は世界で最も高齢化が進んでいる国である。ITの積極的な導入で、医療や福祉の効率化を進めていくべきである。

何が問題なの?

　この答案例は、書いてある内容自体は理路整然としていますが、課題文を踏まえて書いていません。課題文とは無関係に「医療福祉のIT化」を論じようとしています。**これでは、評価は大幅に低くなります。**

　課題文つきの出題では、「本文を踏まえて」「課題文の内容をもとにして」というような条件がつけられるケースがほとんどです。**課題文を正しく読み取ったうえで、自分の「主張」を設定する**ようにしましょう。

まとめ

▶ 「本文を踏まえて」「課題文の内容をもとにして」というような条件がつけられている場合には、本文を参考にしながら自分の「主張」を書くことが求められる。

4 グローバリゼーションについて、あなたの意見を述べなさい

小論文の試験では、文章を「要約」する問題もよく出題されます。これは、自分の意見を書く前の準備作業になります。

今回は、3ページ以上に及ぶ、かなり長い課題文がついている問題を取り上げます。「主張の流れ」に注意しながら、課題文を読んでいきましょう。

問題

以下の資料は、高橋和志・山形辰史編著『国際協力ってなんだろう ―現場に生きる開発経済学―』(岩波ジュニア新書、2010年11月)よりの抜粋である。これを読んで、次の設問すべてに答えなさい。

(福島大・後期日程)

問1 資料を読んで、その内容を400字以内で要約しなさい。

問2 グローバリゼーションについて、筆者の見解と比較しながら、あなたの意見を600字以内で述べなさい。

1 　明治時代、地球の裏側にあるブラジルに、多くの日本人が移住しました。その頃は汽船で45日かかったのですが、現在は飛行機で2日もあれば着いてしまいます。今では衛星放送のお陰でブラジルでも紅白歌合戦や相撲が放映されています。

2 　世界は狭くなりました。チリ産のワインが日本に輸入されたり、南極の動物の腸からビニール袋が出てきたり、ドイツで廃棄されたTシャツがウガンダの市場に出回ったりします。様々な物事が地球(globe)規模で進行することをグローバリゼーションと呼びます。交通・通信手段が発達するにつれ、人々の生活空間は自分の住まいの周辺からその外へ拡大しますが、その拡大の究極が「地球」だというわけです。

3 　グローバリゼーションには、価値観が世界的に同一化する側面と、取引の可能性が世界的に拡大する側面の2つがあります。前者の側面については、多くの人々が懸念を表明しており、その懸念は十分配慮に値するものです。その一方で、後者の側面については、原則的に推進することが、国際社会で合意されています。

4 　取引の可能性が世界的に拡大する過程は、競争の世界的拡大の過程でもあります。競争は一般に忌み嫌われる傾向にありますが、その競争が世界的に拡大することが、なぜ国際社会で支持されているのでしょうか。それは競争が、その只中にいる人には大きな損失を被りうる死活問題であっても、その周囲にいる人には、概ね利益をもたらすからです。例を用いて説明しましょう。

5 　あなたがカンボジア人で、路上でサトウキビ汁を売っていたとします。そこにタイの清涼飲料水メーカーがやってきて、缶入りのサトウキビ・ジュースを売り始めました。今まであなたからサトウキビ汁を買っていた消費者の何人かはあなたから買うのを止め、缶ジュースを買い始めるでしょう。また、あなたの下で働いていた労働者も、より条件のいい缶ジュース工場に流れてしまうかも知れません。それらを食い止めるためにあなたは、サトウキビ汁をより美味しくしたり、安くしたり、労働者への賃金を上げたりしなければなりません。これはあなたにとっ

て大変な骨折りです。最悪の場合、廃業の憂き目に遭うかもしれません。

⑥ しかしこの時、競争をしているあなたと缶ジュース工場の周りにいる人々、つまり消費者と労働者はこの競争によって利益を得ています。そしてこの利益は、多くの消費者や労働者の間に薄く広がっているのに対して、（あなたがこの競争に負けたとしたら）損失はあなたに集中します。そこであなたの損失を、周囲の人々全体で補ったり、あるいはあなたが速やかに他のビジネスや職を得られるような仕組みがあれば、社会全体にとってこの競争がプラスの効果を持つことになるのです。

⑦ 交通通信手段の発達に伴い、かつて見られなかったような国際取引が現れました。第一はサービス貿易とよばれる取引で、とくに最近増えているのがアウト・ソーシングと呼ばれるものです。これにより、消費者に対するサービスが海外から提供されます。具体例は、先進国の消費者の電話相談を海外にいるオペレーターが受けるビジネスです。たとえばアメリカ人の消費者が夜中にかける電話相談がインドに転送され、昼夜が逆転し、昼に勤務しているインド人のオペレーターがそれを受けるといった形態です。この他、先進国の病院でこれまで手書きで大量に作成されたカルテを、電子データに入力する作業を開発途上国の労働者が行うというビジネスも増えています。

⑧ 第二に、物やサービスではなく、消費者が海外に移動して消費を行うという形態の取引も増えてきました。この形態の代表は観光ですが、最近増えているのは治療旅行（Medical Tourism）です。これは開発途上国の病院が外国人向けに、難度の高い医療サービスを比較的安価に提供しているものです。タイやシンガポール、インドなどにおいて、現地の病院が、先進国の病院の協力を得つつ実施しています。開発途上国においては一般に、医療に関する規制が緩いこともこの流れを加速させているので、それに伴う人権侵害（違法臓器売買など）が起きないようにすることが大きな課題です。

⑨ 「グローバリゼーションの流れを食い止めることはできない」というフレーズをしばしば耳にしますが、歴史を振り返ると、戦争や不景気が、各国の保護主義を促し、グローバリゼーションを後退させてきまし

た。とくにそれが顕著だったのは2回の世界大戦があった20世紀前半で、各国が関税を引き上げたり、ブロック化を進めた結果、世界貿易は停滞しました。

10　記憶に新しいのは、2007～08年の食料価格の高騰とその後の世界経済不況から、多くの国が貿易制限を行ったり、非関税障壁を高めたことです。世界貿易機関（WTO）によれば、2009年初めまでに23カ国・地域が計85件の保護貿易措置を取りました。たとえばインドやベトナムといった米輸出国が米輸出を制限したので、米を輸入している低所得国の貧困層には大きな打撃となりました。これは日本で江戸時代に起こったことと似ています。江戸三大飢饉（ききん）のうち享保・天明の飢饉については凶作が全国的ではなく局地的でした。にもかかわらず、豊作であった藩が、自藩の食料需要を満たすことのみを考え、不作藩への米販売を禁止したことから、飢饉がさらに悪化しました。これはまさに保護主義そのもので、江戸時代に日本人が犯したのと全く同じ愚が、今世界的に繰り返されているのです。

11　また先進国が自国の斜陽産業を保護し、それが直接低所得国の損失につながることがあります。やり玉に挙げられているひとつの例は、アメリカの綿花生産に対する保護で、これは競争相手の西アフリカ諸国にとって大きな輸出障壁になっているといわれています。このように、グローバリゼーションの対極にある保護主義こそ、我々が抗し、闘わなければならない相手なのです。

12　グローバリゼーションに関しては、競争拡大の過程で敗者が大きな損失を被る一方、それによって利益を受ける人々は、その利益が一人一人にとっては薄いため、反対の声の方が大きく響きます。また、狭小なナショナリズム（自国第一主義）から、かつて江戸時代の飢饉の際に豊作藩が行ったような保護主義を擁護する人々もいます。さらには今回は大きく取り上げなかった「価値観の世界的同一化」という側面からグローバリゼーションに反対する人もいます。しかし、敗者に相応の補償を与え、価値観の同一化に留意しつつ、グローバリゼーションを進めるべきです。

13 なぜならグローバリゼーションは、世界の人々が国や藩ではなく、地球を故郷とする宇宙船地球号の発想に合致しているからです。地球上の人々が国境で分け隔てされることなく交流することは、原則的に誰もが賛成するにもかかわらず、現実には「地産地消」（地元で生産したものを地元で消費する）のように地元重視の発想もあります。簡単に海外に行くことができ、他国の情報が瞬時に得られるこの時代に、地球を「地元」と見なし、地産地消が「地球で生産し地球で消費する」を意味するようになって欲しいと思います。

（出題にあたっては、小見出し等を省略し、一部漢数字を算用数字に改めた。）

今回の問題は、問1 が「要約問題」で、問2 が自分の「主張」を述べる小論文の問題です。

問1 から考えていきましょう。

問題

問1 資料を読んで、その内容を400字以内で要約しなさい。

「要約問題」では、課題文全体の要旨をつかむことから始めます。

そのために、各段落を「主張」「理由」「具体例」で整理します。段落によっては「主張」にあたるものがない場合もあります。各段落の「主張」を把握したら、それらをならべて、「全体の主張」をつかみます。さっそく、各段落を見ていきましょう。

第1段落と第2段落は、ブラジルでの紅白歌合戦や、チリ産のワインなどの話が書かれています。そして、第2段落の中に、「様々な物事が地球（globe）規模で進行することをグローバリゼーションと呼びます」とい

う「**主張**」があります。ブラジルやチリの話は、グローバリゼーションの「**具体例**」だったことがわかりました。このあとの「交通・通信手段が」以降は、この「**主張**」をもう少し詳しく説明したものです。

第③段落は、グローバリゼーションには、「価値観が世界的に同一化する側面」と「取引の可能性が世界的に拡大する側面」の2つがあると書かれています。そのあとの部分では、「前者の側面への懸念は配慮に値するが、後者の側面については、原則的な推進が国際的に合意されている」と説明されています。これらは筆者の「**主張**」であるととらえられます。

第④段落は、前の段落の「後者の側面（取引の可能性が世界的に拡大する側面）については、原則的な推進が国際的に合意されている」という内容を受けて、その理由を説明しようとしています。まず、「取引の可能性が世界的に拡大する過程は、競争の世界的拡大の過程でもある」という「**主張**」があります。さらにその競争が支持されているのは、「競争が、その只中にいる人には大きな損失を被りうる死活問題であっても、その周囲にいる人には、概ね利益をもたらすから」ということが「**主張**」されています。

だんだん話が抽象的になってきたので、このあとは「**具体例**」を出して説明しています。それが第⑤段落〜第⑥段落です。ここを読むと、第④段落に書かれていたことの意味がわかりますね。サトウキビ汁を売る人の例を挙げて、社会全体にとって「競争がプラスの効果を持つ」ということを説明しています。

続いて、第⑦段落と第⑧段落を見ていきましょう。第⑦段落のはじめの「交通通信手段の発達に伴い、かつて見られなかったような国際取引が現れました」という部分が「**主張**」にあたります。その「**具体例**」を、このあとの部分で、「第一は……」「第二に……」と、2つに分けて書いています。「それに伴う人権侵害が起きないようにすることが大きな課題」という指摘もあります。

第⑨段落は、「歴史を振り返ると、戦争や不景気が、各国の保護主義を促し、グローバリゼーションを後退させてきました」という部分が**「主張」**にあたります。「保護主義」と「グローバリゼーション」を対比させていますね。ここで「保護主義」という**キーワード**が出てきます。

　第⑩段落では、「保護主義」に陥った**「具体例」**を取り上げています。インド、ベトナムの例、そして江戸時代の日本の例です。

　第⑪段落は、アメリカの事例をもとに、先進国による保護主義の**「具体例」**を挙げています。そして、「グローバリゼーションの対極にある保護主義こそ、我々が抗し、闘わなければならない相手」であると**「主張」**しています。

　第⑫段落は、グローバリゼーションへの反対の声があることについての**「具体例」**を挙げたうえで、「敗者に相応の補償を与え、価値観の同一化に留意しつつ、グローバリゼーションを進めるべき」という**「主張」**が書かれています。

　最後の第⑬段落では、「なぜならグローバリゼーションは……宇宙船地球号の発想に合致しているから」という**「主張」**が展開されています。最後の一文の中に書かれている「地産地消が『地球で生産し地球で消費する』を意味するようになって欲しい」という部分は、この考え方をもう少し具体的に説明したものです。

　ここまでに見てきた、各段落の「主張」を並べてみましょう。

● **第②段落：**
「物事が地球規模で進行することをグローバリゼーションと呼ぶ」

- 第③段落：

「グローバリゼーションには、価値観が世界的に同一化する側面と、取引の可能性が世界的に拡大する側面の2つがある」

「前者の側面への懸念は配慮に値するが、後者の側面については、原則的な推進が国際的に合意されている」

- 第④段落：

「取引の可能性が拡大する過程は、競争の世界的拡大の過程でもある」

「(競争が支持されるのは)、その只中にいる人には大きな損失を被りうる死活問題であっても、その周囲にいる人には、概ね利益をもたらすから」

- 第⑦段落・第⑧段落：

「交通通信手段の発達に伴い、かつて見られなかったような国際取引が現れた」

「それに伴う人権侵害が起きないようにすることが大きな課題」

- 第⑨段落：

「歴史を振り返ると、戦争や不景気が、各国の保護主義を促し、グローバリゼーションを後退させてきた」

- 第⑪段落：

「グローバリゼーションの対極にある保護主義こそが闘うべき相手である」

- 第⑫段落：

「敗者に相応の補償を与え、価値観の同一化に留意しつつ、グローバリゼーションを進めるべき」

- 第⑬段落：

「グローバリゼーションは、地球全体を故郷として捉える宇宙船地球号の発想に合致している」

これで、**「主張」の流れ**がわかりました。これを踏まえて、「要約」を書いてみましょう。

解答例

物事が地球規模で進行することをグローバリゼーションと呼ぶが、価値観が世界的に同一化する側面と、取引の可能性が世界的に拡大する側面がある。前者への懸念は配慮に値するが、後者は、原則的な推進が国際的に合意されている。取引の可能性が拡大すると、競争も世界的に拡大する。競争にさらされる人にとっては死活問題だが、周囲の消費者・労働者には概ね利益をもたらす。交通・通信が発達し、新しい国際取引が現れているが、それに伴う人権侵害の防止が課題だ。歴史を振り返ると、戦争や不景気は各国の保護主義を促しグローバリゼーションを後退させた。近年見られる貿易の保護主義的な措置は、低所得国に打撃を与えている。従って、保護主義こそが闘うべき相手である。グローバリゼーションは、それで損をする人に補償を与えて、価値観の同一化に留意しつつ、推進するべきだ。なぜなら、地球全体を故郷として捉える発想に合致するからである。

「要約」は要点のみを取り上げているので、話のかたまりが生まれにくくなります。よほど長くない限り、改行はしなくてかまいません。
　また、各段落の「主張」をそのままつなげると不自然ですから、**自然なつながりになるように表現を工夫します。**

　続いて、問2 を見ていきましょう。

問題

問2 グローバリゼーションについて、筆者の見解と比較しながら、あなたの意見を600字以内で述べなさい。

問われていることを確認し、答案の大まかな構成を考えていきましょう。

問われていること：
グローバリゼーションについて、自分の意見を述べる
条件 **筆者の見解と比較しながら書く**

この問題で求められているのは、「グローバリゼーションについて、自分の意見を述べる」ことなので、まずは、これを1つ目の「ボックス」にします。

また、今回は600字近く書いていくことになるので、2つ目の「ボックス」として、「全体のまとめ」の段落を作ることにしましょう。

全体の字数配分は次のようになります。

---

1 問われていること

グローバリゼーションについて、自分の意見を述べる
条件 **筆者の見解と比較しながら書く**

> 指定された字数のほとんどを使います。

---

2 全体のまとめ

（答案全体を通して言いたいこと）

> 簡単に添える程度でよいでしょう。

それでは、自分の **「主張」** を設定するところから始めましょう。

今回は、筆者の見解と比較しながら、自分の「主張」を述べることが求められています。まずは、**課題文全体で筆者が述べようとしていること** を再確認します。

先ほどの **問1** で「要約」をしましたが、要約自体が長いので、もう少し端的にまとめてみます。要するに、筆者は、「グローバリゼーションを推進すべきだ」と主張しているのです。カンボジアの例や保護主義の例はそれを裏付けるために出されたものでした。物やサービスの取引を世界的に拡大させるグローバリゼーションは、地球全体を地元と考える発想と合致し、私たち人類にメリットがあるということですね。

まとめると、次のようになるでしょう。

- **「グローバリゼーションは物やサービスの取引を世界的に拡大させるので、推進すべきだ。その過程で損をする人もいるが、それは補償すればよい。保護主義は、グローバリゼーションの対極にある考えであり、闘うべきものである。地球全体を地元と捉える発想をして欲しい」**

現在、日本で外国人が働いたり、逆に日本人が外国で働いたりすることが当たり前になっています。また、クリック1つで世界中の商品を取り寄せることができるようになりました。こうした動きをさらに進めて、全世界がよ

り強くつながるべきだ、それがみんなの利益になる、というのが筆者の考えです。

　また、この問題では、「筆者の見解と比較しながら書く」ことが求められているので、「筆者はこう言っているが、私はこう思う」という形で比較をすることになります。**具体的な筆者の主張を取り上げながら、材料を出すようにしましょう。**

　比較の仕方にはさまざまな方法がありますが、この課題文は賛否が分かれるものなので、課題文に肯定的な立場か否定的な立場のどちらかの立場をとると書きやすくなります。小論文を書き慣れていないうちは、この方法で考えてみましょう。また、力がついてきたら、肯定的・否定的な立場にとらわれずに比較していくようにするとよいでしょう。

　まずは、筆者の見解で気になるところをピックアップしていくことにしましょう。「気になるところ」とは、**「まさにその通り！」** と思うところ、あるいは、**「ちょっと違うのでは？」** と思うところです。

　ただし、重箱の隅をつつくような些細なことを取り上げても仕方ありませんから、基本的には、**各段落の「主張」にかかわる部分で気になったところを探してみましょう。**

　今回も、筆者の見解に肯定的な立場と否定的な立場の2つの答案の書き方を示していきます。

　まずは、**肯定的な立場**から、課題文で気になった箇所を挙げていきましょう。

● 「保護主義は、グローバリゼーションの対極にある考えであり、闘うべきものである」
　➡ **同感**

- 「（グローバリゼーションの）過程で損をする人もいるが、それは補償すれ
  ばよい」
  ➡ **「損失の補償」ではなく、他の事業に転換しやすくするための「環境
    整備」がよいのでは？**

　まず、1つ目にピックアップした筆者の見解について、「同感」である理
由を考えます。

日本では人口が減少し、働く人が足りなくなり、
国内の市場もどんどん小さくなっていきます。
そうした中では、外国人労働者の受け入れや、
投資・貿易の自由化などを進めていかないと、
立ち行かなくなってしまうと思います。

　そうですね。人口が減少する日本では、グローバリゼーションは特に重要
です。そして、保護主義というのは、産業を保護しているようで、結局衰退
させる結果になっていることもあります。補助金などを出して産業を保護す
ると、競争が生まれず、産業自体が衰退してしまうからです。
　グローバリゼーションを進めて競争を生み出し、新しい産業が次々に生ま
れるような環境を作り出すことこそが必要だと考えられますね。

　このように、**筆者の見解の正しさを、筆者が書いていない別の角度か
ら「論証」するようにします**。ここでは、「保護主義と闘うべきである」と
いう筆者の主張に対する裏付けを、日本の事例にあてはめて考えました。

　2つ目にピックアップした見解については、「自分なりの提案」を加えて
みます。

競争に敗れた人に対しては「補償」より、もっとよい方法があるのではないでしょうか。新しい事業を起こしやすい「環境」を作るほうがよいのではないかと考えます。

　単なる「補償」は、「保護」の一種です。規制緩和などをして事業を起こしやすくすれば、また、新しい産業が生まれ、経済はさらに活性化しますね。よい材料を出すことができました。

　肯定側の立場で書くとしても、筆者の意見をそのまま模倣するだけでは、単なるコピーに過ぎません。**自分自身が独自に考えたことを盛り込むことで、付加価値が高まります。**

　ここまでに考えたことをもとに、「下書き」を作っていきましょう。

1 問われていること

グローバリゼーションについて、自分の意見を述べる
条件　筆者の見解と比較しながら書く

主張1

「保護主義は、グローバリゼーションの対極にある考えであり、闘うべきものである」という筆者の見解に同意する 〜new!〜

日本でもグローバリゼーションを進めるべきである 〜new!〜

なぜそう考えたのか？（＝理由）

日本では人口が減少し始めており、働く人が足りなくなるから 〜new!〜

保護主義は、一見すると産業を保護しているようであるが、結局は衰退させているから

たとえばどのようなことか?(=具体例)

日本の農業は規制によって保護され、生産性が上がらない。消費者からは、安い農産物を買う機会を奪っているとも言える

グローバル化すれば、国内の競争力も高まる。競争力を高めた生産者はより多くの利益を得ることが可能になる

主張2

敗者に損失の「補償」を与えるよりも、新しい事業を起こしやすい「環境」を与えたほうがよい

なぜそう考えたのか?(=理由)

他の事業に転換して成功すれば、新たな雇用や税収が生まれるから

その事業が国境を越えて展開すれば、一層グローバリゼーションが進むから

2 全体のまとめ

(答案全体を通して言いたいこと)

主張

個人も企業も国境を越えて挑戦すべきである

これを答案としてまとめていきましょう。

　筆者は、グローバリゼーションの対極にある保護主義こそ、我々が抗
　　▲筆者の見解を挙げている
し、闘わなければならない相手だと指摘する。 私もこの点には同感だ。
　　　　　　　　　　　　　　　　　≫主張1
グローバリゼーションを最も進めるべきなのは日本である。人口が減少
　　　　　　　　　　　　　　なぜそう考えたのか?(＝理由)≫
しており、働く人が不足し、国内市場も縮小していくからだ。

　保護主義は一見すると産業を保護しているようで、結局は衰退させて
いる。たとえば、日本の農業はさまざまな規制によって守られているが、
　　　　　≫たとえばどのようなことか?(＝具体例)
保護されることで、農業の生産性は上がらないし、消費者からは安い農
産物を買う機会を奪っている。もし、農業分野での規制を緩和し、グ
ローバル化が進めば、一時的に日本の農業は厳しくなるが、創意工夫に
よって競争力を高めた生産者はより多くの利益を得ることが可能である。
日本の農産物は高品質であり、生産性を高めれば、海外への販売も拡大
していく。

　筆者は、グローバリゼーションによって生まれた敗者には損失の「補償」
　　▲筆者の主張を挙げている
を与えるべきだと述べているが、単なる補償は一種の保護主義だ。規制
　　　　　　　　　　≫主張2
緩和を行い、新しい事業を起こしやすい「環境」を与えるべきであろう。
敗者となっても別の事業を考えて成功すれば、雇用や税収が生まれ、社
　≫なぜそう考えたのか?(＝理由)
会にとってプラスとなる。その事業が国境を越えて展開するようになれ
ば、一層グローバリゼーションが進む。

　保護主義のもと、自国内に閉じこもっては、ますます競争力が失われ
　≫全体のまとめ
ていくだけである。個人も企業も国境を越えて挑戦すべきである。

この答案が評価される点

- 筆者の見解と比較しながら書けている
- 自分自身で「新たな提案」 ができている
- 「理由」や「具体例」を入れて、「主張」を補強できている

今度は、**否定的な立場**から、気になった箇所を選んでみます。

● 「保護主義は、グローバリゼーションの対極にある考えであり、闘うべきものである」
　➡ **そうとは言い切れないのでは？**

● 「地球全体を地元と捉える発想をして欲しい」
　➡ **現実的な話だろうか？**

　まず、1つ目にピックアップした筆者の見解については、「保護主義」を全否定してもよいのか、という疑問があります。たとえば、まだ産業が育っていない国に、先進国の大企業が進出したらどうなるでしょう？

先進国の大企業は、
圧倒的な資本力と技術力をもっているので、
現地の産業はまったく太刀打ちできないと思います。

　そうですね。そうなると、現地の人たちが安い賃金で働かされて、儲けは先進国の大企業が吸い上げるということが起きかねません。これでは、いつまでたっても現地の人たちは豊かになれません。
　このため、「現地の産業が育つまでは保護をする」という政策は当然考えられます。実際に、日本もかつてそのような政策を取っていました。

　もう1つの「地球全体を地元と捉える発想をして欲しい」という見解についても考えてみましょう。理想としては素晴らしいのですが、現実はそううまくいくでしょうか？
　コロナ禍の当初、日本ではマスクが品薄となり、ワクチンの確保も遅れました。これはマスク生産やワクチン開発を自国で積極的に行っていなかったからです。感染症が流行する場合に備えて、国民生活に欠かせない医療用品

などを生産する企業を一定程度保護するという選択はあってもよいでしょう。
（ちなみに、この問題は2016年に出題されたものなので、コロナ禍以前のことですが、今回は答案練習ですので、その点は考慮しないことにします。）

　このような事例は他にもありますね。
　たとえば、半導体はデジタル社会の要となる部品であり、私たちの日常生活にも欠かせません。しかし、日本国内での半導体製造のシェアは減少しており、多くを海外製造に依存しています。同様に、日本の食料自給率は低く、多くの食料を輸入に頼っています。

もし国際的な紛争が発生し、
半導体や食料が入ってこなくなったら、
日本の経済と生活は深刻な影響を受けます……

　そういう懸念は当然あります。国際的な紛争が発生し、輸入が途絶えた場合、電子製品も食べ物も手に入れられなくなってしまいます。

日本は危機管理の観点から、
これらの産業を保護していく戦略を
考える必要があります。

しっかりと考えをまとめることができましたね。
ここまでに考えたことをもとに、「下書き」を作成してみます。

1 問われていること

グローバリゼーションについて、自分の意見を述べる
条件 筆者の見解と比較しながら書く

主張1

筆者の見解に対して、私は、一部の産業では保護主義的な政策があってもよいと考える `\new!/`

なぜそう考えたのか？(＝理由・具体例)

開発途上国に先進国が圧倒的な資本力と技術力で進出すると、現地の企業は勝ち目がない `\new!/`

その結果、現地の人が主体となった企業が育たず、利益は先進国に吸い上げられる `\new!/`

主張2

「地球全体を地元と捉える発想をして欲しい」という見解は、現実的でないように思える `\new!/`

なぜそう考えたのか？(＝理由・具体例)

コロナ禍で、マスクやワクチンなどの医療用品が国内では品薄になった。これは多くを輸入に頼っていたからである `\new!/`

万一、台湾有事が起きると、半導体が日本に入ってこなくなる可能性もある `\new!/`

生活・産業必需品を一定量自国で生産できるように、保護しておくことは合理的だと言える `\new!/`

2 全体のまとめ

（答案全体を通して言いたいこと）

> グローバリゼーションを手放しで賞賛するのは、リスクがある　\new!/

この「下書き」をもとにして、答案にまとめていきましょう。

バッチリ 答案例

　筆者は、保護主義を否定したうえで、地球全体を地元と捉えてグロー
≫筆者の見解と比較
バリゼーションを推進すべきだと主張する。しかし、私は、一部の産業
　　　　　　　　　　　　　　　　　　　　　　　　≫主張 1
では保護主義的な政策があってもよいと考える。

　開発途上国に先進国が圧倒的な資本力と技術力で進出すると、現地の
≫なぜそう考えたのか?（＝理由・具体例）
企業は勝ち目がない。その結果、現地の企業が育たず、利益は先進国に
吸い上げられる。実際に、開発途上国の人が低賃金で働かされている例
もあると聞く。このような場合、自国の産業を保護する政策があっても
よいはずだ。

　筆者は「地球で生産し地球で消費する」と述べているが、これは、平
≫筆者の見解と比較・主張 2
時にのみ通用することだ。現実にはさまざまな事態が生じる。たとえば、
≫なぜそう考えたのか?（＝理由・具体例）
コロナ禍で、世界的にマスクなどの医療用品の需要が高まると、日本国
内では品薄になった。多くを輸入に頼っていたからである。最近では台
湾有事も心配されている。台湾は半導体の一大供給国なので、もし台湾
有事が発生すれば、日本は半導体が手に入らなくなる可能性がある。こ
のように、疫病、紛争などによって、外国からの人や物の移動は止まり
うる。それを考えると、生活・産業必需品を一定量自国で生産できるよ
うに、産業を保護しておくことは合理性がある。たとえば、食料や医療
品、半導体などである。

　「地球を故郷とする」という発想は素晴らしいが、現実にはさまざまな
≫筆者の見解と比較・全体のまとめ

問題が生じうる。グローバリゼーションを手放しで賞賛するのは、リスクがある。

- 筆者の見解と自分の考えを比較しながら書いている
- 実例を挙げながら、自分の考えを論理的に展開できている

　この答案は、筆者の見解に同調せず、「一部の産業では保護主義的な政策があってもよい」という、**独自の考えを論理的に展開できています**。現実的な提案をしている点も、評価することができます。

まとめ

▶ 筆者の見解と比較しながら書くことが求められている場合には、課題文の中で「まさにその通り！」と思うところや「ちょっと違うのでは？」と思うところを探していくとよい。

▶ 筆者の見解に肯定的な立場で答案を書く場合には、筆者の見解の正しさを、筆者が書いていない別の角度から「論証」するようにする。

▶ 肯定側の立場で書く場合にも、筆者の意見をそのまま模倣するのではなく、自分自身が独自に考えたことを盛り込んで、付加価値を高める。

▶ 筆者の見解に同調せずに書く場合には、独自の考えを論理的に展開できるようにするとよい。

5

体罰と指導の違いを
どう考えるか

司法の場でも判断が分かれるような難しい問題です。
じっくり考えて、自分なりの意見を示す必要があります。

今回は、課題文とともに図版（新聞記事）がつけられている問題を扱います。提示されている資料をしっかりと読み込むようにしましょう。

モデル

● 教育学部志望
小学校時代の担任の先生の影響で、自分も教員になりたいと考えている。
教員採用試験でも論文があるので、力をつけておきたい。

Hさん

問題

以下の文章は、「体罰」に該当するか否かが争われていた国家賠償請求訴訟について述べています。これを踏まえて、体罰か指導かの判断がなぜ難しいのか、また、あなた自身は体罰と指導の違いについてどう考えるのか、800字以内で述べなさい。　　　　　（佐賀大・後期日程）

① 公立小学校で、他の生徒や教員の足などを蹴って逃げた2年生の男子生徒を教員がつかまえ、胸元をつかんで壁に押しつけ、「もう、す

PART
4

小論文を書いてみよう②　課題文つきの出題

るなよ」と叱った行為が、学校教育法が禁止している「体罰」に該当するか否か、が争われていた国家賠償請求訴訟で、平成21年4月28日、最高裁判所第三小法廷は、当該行為は「体罰」には該当しないとして生徒側の請求を棄却する注目すべき判決を下した[判例時報2045号118頁。以下、「本判決」「今回の判決」という]。後述するように、この判決に対しては賛否両論ありうることが想像される。

[2] 戦後、日本国憲法の下で教育基本法、学校教育法を軸として形成された新しい学校制度は、児童・生徒の教育を受ける権利及び人権保障を重視する立場から、教員に懲戒権の行使の可能性を認めながら、体罰についてはこれを禁止している(学教法11条※)。しかし、他方、教育現場における実際の指導の場面にあっては、かなりの教職員ないしはその職場において、「一切の有形力の行使」が許されないとは必ずしも考えられてこなかったふしがある(それどころか、場合によっては一定の「体罰」までもが必要と見なされ、あるいは「肯定」されている部分すらあったのではないか)。事実、違法合法の問題はともかくとして、そうした「有形力の行使」は数多くなされてきたと思われるし、したがってまた他方では、それらが「体罰」に該当するか否かについて、多数の問題事例が呈示されてきたのである。

　　出典：長尾英彦「『体罰』概念の混迷」中京法学44巻3・4号(2010年)より一部を抜粋

〈語注〉
※学教法11条とは、学校教育法　第11条〔児童、生徒等の懲戒〕である。条文は下記の通りである。
　　校長及び教員は、教育上必要があると認めるときは、文部科学大臣が定めるところにより、児童、生徒及び学生に懲戒を加えることができる。ただし、体罰を加えることはできない。

　次の図版は、上記論文に挿入されていた資料である。

最高裁「体罰ではない」

熊本の訴訟　二審を破棄

教師の目的・態様考慮

小学校2年の時の「体罰」をめぐって熊本県天草市の男子生徒（14）が同市に損害賠償を求めた訴訟の上告審判決で、最高裁第三小法廷（近藤崇晴裁判長）は28日、「体罰」があったと認定し市に賠償を命じた一、二審判決を破棄し、生徒の請求を棄却した。第三小法廷は、臨時講師が注意を聞かない生徒の胸をつかんで壁に押し当てて怒ったことを「許される教育的指導の範囲を逸脱せず、体罰にはあたらない」と判断した。
＝10面に関係記事

最高裁が民事訴訟で教育の具体的な行為について「体罰」でない」と判断したのは初めて。学校教育法は体罰を禁じているが、どのような行為が体罰にあたるかの具体的な例示はない。どの程度の指導が許されるのかが学校現場で議論になっているなか、幅広い影響がありそうだ。

第三小法廷は、講師の行為が「有形力の行使」で「やや穏当を欠く」と認めたうえで、「指導するためにしたことで、悪ふざけの罰として肉体的苦痛を与えるために行われた体罰ではない」と指摘。目的、態様、継続時間などを考慮すると体罰に当たらず、違法ではないと判断した。

判決によると、生徒は小2だった02年、休み時間中に廊下で通りかかった女児をけり、さらに、注意に追いかけた講師の尻をけった。講師は追いかけて捕まえ、洋服をつかんで壁に押しつけ、「もう、すんなよ」としかった。生徒は食欲が低下するなどして通学できず、03年2月に病院で心的外傷後ストレス障害（PTSD）と診断された。その後、

回復して学校に通うようになったが、生徒の母親は学校側の説明に納得せず、学校や市教育委員会に抗議を続けた。生徒は05年に提訴。約350万円の賠償請求に対し、一審・熊本地裁は市の65万円の賠償を命じた。二審・福岡高裁はPTSDとの診断結果を否定したものの、講師の行為が体罰に当たるとして約21万円の支払いを命じたため、市が上告していた。（中井大助）

朝日新聞 平成21年(2009) 4 月28日夕刊 [1 面]

課題文および新聞記事がつけられている問題です。

まずは、**問われていること**を確認しましょう。

問われていること①：
体罰か指導かの判断がなぜ難しいのか

問われていること②：
自分自身は体罰と指導の違いについてどう考えるのか

条件　課題文を踏まえる

課題文を踏まえたうえで、上記の2点に答えることが求められています。

「問われていること①」については、課題文と新聞記事の中にヒントが書かれています。自分の「主張」を独自に考えるというよりは、これらの資料に書いてあることを参考に答えをまとめるという作業になりそうです。**「現代文」と「小論文」の中間に位置する問題**です。

「問われていること②」は、「自分はどう考えるのか」ですから、自分の意見を書く**「小論文」の問題**です。ここでは、「課題文への見解」は問われていません。そのため、「賛成」または「反対」を述べる書き方にはならないということがわかります。

続いて、**答案の大まかな構成**と**字数配分**を考えていきましょう。問われていることが２つあるので、「ボックス」も２つ必要です。どちらも簡単にすみそうにありません。ともに答案を構成するための大切な要素なので、同じくらいの字数を割くようにします。

---

1 問われていること①

体罰か指導かの判断がなぜ難しいのか
 課題文を踏まえる

> 指定された字数の半分程度を使います。

---

2 問われていること②

自分自身は体罰と指導の違いについてどう考えるのか
 課題文を踏まえる

> 指定された字数の半分程度を使います。

また、答案の最後に「まとめの段落」をつけるかどうかについては、それぞれの「ボックス」の材料を出したあとに検討することにしましょう。

　それでは、**課題文を読み解いていきます**。法律や判例が出てきますので、それに沿って、論理的に「体罰」と「指導」について考察します。まずは、「体罰か指導かの判断がなぜ難しいのか」という問いに答えることを念頭に置きながら、読んでいきましょう。

　第①段落では、事件の概要と、裁判で争われた結果「体罰に該当しない」という判決が出たことが書かれています。そして、最後にこの段落の**「主張」**として、「この判決に対しては賛否両論ありうることが想像される」と記されています。

　第②段落では、中ほどにある**「しかし、他方、教育現場に……」**という表現に注目します。「他方」というのですから、それまでとは違う話をすることがわかります。つまり、この段落には2つの話があるということです。
　まず、「しかし、他方、教育現場に……」の手前までの前半部分の要旨をつかみます。
　前半には、

● **「（法律において）教員に懲戒権の行使の可能性を認めながら、体罰についてはこれを禁止している」**

ということが書かれています。
　「懲戒」とは、「懲らしめる」ということです。法律は、教員が生徒を懲らしめることは認めているけれども、体罰を与えることは認めていないのです。つまり、悪いことをした罰として反省文を書かせたり、居残りをさせたりということは認められますが、生徒に手をあげることは認められていないということですね。

今度は、「しかし、他方、教育現場に……」以降の後半部分のポイントをつかみます。

後半には、

- **「教育現場における実際の指導の場面にあっては、かなりの教職員ないしはその職場において、『一切の有形力の行使』が許されないとは必ずしも考えられてこなかったふしがある」**

とあります。

「有形力の行使」とは、力ずくで何かをすることです。とはいえ、「有形力の行使」のすべてが体罰になるわけではありません。たとえば、けんかをしている生徒を力ずくで引き離すとか、そういうことも「有形力の行使」にあたりますが、これは体罰ではないでしょう。

このように、**抽象的な説明が多い文章を読むときには、具体的な事例を頭に浮かべながら理解するようにします**。文章を書くときも、文章を理解するときも、**「具体化」**がとても大事です。

この第②段落の後半では、実際の教育現場では「有形力の行使」が肯定されていた、場合によっては一定の「体罰」も肯定されていたということが指摘されています。

まとめると、第②段落は、以下の内容になっていることがわかります。

・前半：法律上の規程の内容
・後半：現実がどうなっているかの指摘

次に、**新聞記事を見てみます**。状況がわかりやすく整理されています。[問1]の解答の参考になりそうなのは、どこでしょうか。

まず、第二段落にある、

- 「学校教育法は体罰を禁じているが、どのような行為が体罰にあたるかの具体的な例示はない。どの程度の指導が許されるのかが学校現場で議論になっている」

という部分に注目しましょう。法律で「どのような行為が体罰にあたるかの具体的な例示はない」のであれば、当然判断は難しくなります。

また、第三段落の、

- 「指導するためにしたことで、悪ふざけの罰として肉体的苦痛を与えるために行われたのではない」

という部分も重要です。教員と子どもの間で、「壁に押しつける」という行為が、「指導するためにした」のか「肉体的苦痛」なのか、認識のずれがあるので裁判になっているということです。判決も地裁、高裁、最高裁で異なっています。それだけ判断が難しいと言えます。

課題文と新聞記事のポイントが理解できたら、これらを参考にしながら「下書き」を考えましょう。

まず、「問われていること①」の「体罰か指導かの判断がなぜ難しいのか」ですが、課題文の主張としては、「法律で禁止される体罰が具体的にどのような行為を指すのか示されていないから」ということが挙げられています。基準がはっきりしないから、判断が難しく、「グレーゾーン」がどうしても出てくるということですね。

この点をわかりやすく説明するための**「具体例」**を、課題文と新聞記事をもとに考えてみます。

「壁に押しつける」という行為を、
体罰と考える教員もいる一方で、
体罰ではないと考える教員もいると思います。

法律で基準を示していないと、学校によっても教員によっても意見が分かれてしまいます。「壁に押しつける」という行為を、体罰と考えるかどうかについても、簡単に判断することができませんね。

もう１つ判断が難しい例として、教員と子どもの認識の違いも考えられます。教員の側は「壁に押しつけるくらいなら痛くはない」と考えていたとしても、子どもの側は「痛い、苦しい」と感じて「体罰」ととらえることはありえます。

特に小学２年生であれば、
大人との力の差は大きいですから、
こういう認識の差は当然あると思います。

しっかりと材料が出せましたね。ここまでに考えたことを、「下書き」としてまとめていきましょう。

1 問われていること①

体罰か指導かの判断がなぜ難しいのか
条件 課題文を踏まえる

主張1

体罰が具体的にどのような行為を指すのかが法律で示されていないから `new!`

なぜそう考えたのか？（＝理由・具体例）

法律の例示がないので、ある行為が体罰か指導かは、学校や教員によって異なる解釈が生じてしまう `new!`

壁に押しつけるのは、「体罰」なのか「指導」なのか、線引きが難しい `new!`

主張2

教員と子どもの認識の違いもあるから `new!`

なぜそう考えたのか？（＝理由・具体例）

教員は「子どもの悪ふざけを止めるための指導」だととらえていても、子どもは「体罰」ととらえることがある。誰の認識を基準にするかで判断が分かれることになる `new!`

常に「グレーゾーン」が生まれる余地がある `new!`

　課題文と新聞記事に書いてあることを踏まえながら、材料を出すことができました。ただの切り貼りではなく、「誰の認識を基準にするかで判断が分かれることになる」「常に『グレーゾーン』が生まれる余地がある」という**「具体例」**や**「理由」**を入れて、自分なりにわかりやすく説明しようとしています。

続いて、「問われていること②」の **「自分は体罰と指導の違いについてどう考えるのか」** について考察していきましょう。

司法の場でも判断が分かれているほど、体罰と指導の境界線は難しい問題です。それでも、自分なりに考えていきましょう。

まずは、自分の **「主張」** を設定します。

> 行為の「目的」と「結果」に正当性があるかどうかで体罰と指導が分かれるのではないかと思います。

よいところに注目できました。

「壁に押しつける」というケースで考えると、「壁に押しつけて痛い思いをさせてやろう」という目的なら「体罰」ですが、逃げている生徒を制止する目的で「壁に押しつける」なら体罰とは言えないでしょう。つまり、「目的」が何なのかということで、体罰と指導の違いを判断できます。

また、「結果」も重要ですね。「目的」が体罰でなくても、結果として、子どもが「壁に押しつけられて息ができなくなった」「身体に痛みを感じた」といった、肉体的な苦痛を伴ったのであれば、それは結果的に「体罰」と言われても仕方ありません。

つまり、「目的」と「結果」の2つに正当性があるかどうかで、体罰と指導が区別されるということですね。

この考え方のもとに、「下書き」を書いてみます。

2 問われていること②

自分自身は体罰と指導の違いについてどう考えるのか

主張

行為の「目的」と「結果」に正当性があるかどうかで区別される \new!/

「目的」の正当性とは？（＝具体例）

「壁に押しつける」という行為の「目的」が、「肉体的な罰」を与えることではなく、子どもの悪ふざけを制止するためのものであれば、「指導」の範囲だと言える \new!/

「結果」の正当性とは？（＝具体例）

「壁に押しつけられて息ができなくなった」「身体に痛みを感じた」というように、肉体的な苦痛を伴うものは、「結果」に正当性がなく、「体罰」であると言える \new!/

逆に、痛みを感じさせない程度に「押しつけた」のであれば、「指導」の範囲であると言える \new!/

全体のまとめ

教員と子どもでは力も違うので、目撃者の証言なども交えて客観的に検討したうえで、「結果」の正当性を判断すべき \new!/

　内容としては、これで十分まとまっているので、このあとさらに「まとめの段落」を作らなくてもよさそうです。

それでは、それぞれの「下書き」をもとに、答案を書いていきましょう。

バッチリ
答案例

　体罰か指導かの判断が難しいのは、教員に懲戒権が与えられる一方で、
≫体罰か指導かの判断がなぜ難しいのか（主張１）
禁止される体罰が具体的にどのような行為を指すのかについて、法律で
示されていないからである。このため、ある行為が体罰か指導かは、学
　　　　　　　　　　　　　　　　　≫なぜそう考えたのか？（＝理由・具体例）
校や教員によって異なる解釈が生じることとなる。誰が見ても明らかな
体罰は別として、記事にあるような、壁に押しつけるという「有形力の
行使」は、「肉体的な苦痛を与える体罰」なのか「指導の一環としての懲
戒」なのか、線引きが難しい。

　また、教員と子どもの認識の違いもある。記事の例で言えば、壁に押
≫体罰か指導かの判断がなぜ難しいのか（主張２）　　　　　≫なぜそう考えたのか？（＝理由・具体例）
しつけるという行為を、教員は「子どもの悪ふざけを止めるための指導」
だととらえていたが、子どもの側は身体的な苦痛を感じた「体罰」とと
らえたことになる。つまり、体罰という「肉体的な苦痛を与える」行為
にあたるかどうかは、誰の認識を基準にするかで判断が分かれることに
なる。このように、常に「グレーゾーン」が生まれる余地がある。

　私は、体罰と指導の違いは、行為の「目的」と「結果」に正当性があ
≫自分自身は体罰と指導の違いについてどう考えるのか
るかどうかで判断すべきと考える。記事の例で言えば、「壁に押しつけ
　　　　　　　　　　　　　　　　　　≫「目的」の正当性とは？（＝具体例）
る」という行為の「目的」が、「肉体的な罰」を与えることではなく、子
どもの悪ふざけを制止するためのものであれば、指導の範囲と理解でき
る。そのうえで、行為の「結果」についても考慮しなければならない。
　　≫「結果」の正当性とは？（＝具体例）
たとえば「壁に押しつけられて息ができなくなった」「身体に痛みを感じ
た」といった、肉体的な苦痛を伴ったのであれば、「結果」に正当性がな
いため、「体罰」と判断されるべきだ。逆に、痛みを感じさせない程度に
「押しつけた」のであれば、指導の範囲と理解される。ただし、教員と子
どもでは力も違う。両者の間で認識の違いが生じるため、どのような行
　　　　　　　　　　　　　　　　　　　　　　≫全体のまとめ
為をどれくらいの時間されたのか、目撃者の証言なども交えて客観的に
検討したうえで、「結果」の正当性を判断すべきであろう。

この答案が評価される点

- 問題で問われている2点について、きちんと答えることができている
- 課題文を踏まえて書けている
- 具体的な例を挙げながら、自分の考えを論理的に展開できている

この答案では、課題文の「法律で禁止される体罰が具体的にどのような行為を指すのか示されていないから、体罰と指導の線引きは難しい」という主張を踏まえたうえで、これをわかりやすく説明するために「具体例」を挙げています。「具体例」は、課題文と新聞記事をもとに考えられたものなので、**一貫性のある説明になっています**。

課題文を踏まえて論じる問題では、**課題文の内容を前提にして書かなければいけません**。ですから、自分の「主張」を述べる際には、課題文の内容と無関係の持論を展開してはいけません。**「主張」を設定したら、その「主張」が課題文を踏まえたものになっているかどうかを必ず確認するようにしましょう**。

続いて、「イマイチ答案例」を見ていきましょう。これは、第三段落以降の書き方がよくないケースです。

……

　私は、体罰と指導の違いは、生徒への愛情があるのかどうかによると思う。指導する先生が、生徒に深い愛情を示すことは、生徒たちにとって大きな影響力をもつ。生徒に対しての深い愛情があれば、それは指導の範囲ととらえてよいだろう。私自身も、小学生のときに悪いことをして担任から長時間正座をさせられたことがある。しかし、その先生は、

PART 4

小論文を書いてみよう② 課題文つきの出題

私が悪いことをしたことを悲しみ、涙を流しながら、本気になって怒ってくれたのである。私はその先生の姿を見て感動するとともに、自分の行いを深く反省し、以後は改めようと心に誓った。このように、愛情があれば、子どもにも必ず伝わるのである。このような愛情にあふれた指導まで体罰ととらえるべきではない。

何が問題なの?

　感動的なエピソードが書かれているように見えますが、これは**まったくの感情論です**。今回の課題文では、法律や判例を示しながら、体罰か指導かの判断の難しさを客観的に論じていました。これを踏まえて解答することが求められているのですから、「生徒への愛情があるのかどうか」といった感情論は役に立ちません。**論理的かつ客観的に論じていくことが求められます。**

まとめ

▶ 課題文を踏まえて論じる問題では、課題文の内容を前提にして答案を書かなければいけない。

▶ 自分の「主張」が課題文を踏まえたものになっているかどうかを、必ず確認する。

小論文を
書いてみよう③

図表つきの出題

小論文試験では、
グラフや表が添付された問題が出ることがあります。
大事なポイントを読み取って、
答案の中でうまくいかすことが必要です。

「図表つき」の問題の解き方を知って、すべての出題パターンをマスターしよう

「図表つき」の出題頻度は高い

　大学入試の小論文では、**「図表つき」の問題**は「課題文つき」の問題と並んで頻繁に出題されます。さらに、大学で研究活動を行ううえでも、図表の読み取り能力は重要となります。大学に入学したあとは、文系・理系を問わず、自分で研究したいテーマを決め、レポートや論文を書くことが求められます。その際、資料を集め、各種のグラフや表などを分析する作業が欠かせないため、大学入試の小論文においてもこのような能力が問われるのです。

　図表の読み取りは、コツを身につければ、難しいものではありません。この PART5 で基本をしっかり押さえるようにしましょう。

　代表的な図表には以下のようなものがあります。

- **グラフ**（円グラフ・棒グラフ・折れ線グラフなど）

- **表**（一覧表・アンケートの集計結果など）

- **その他の資料**（地図・イラスト・写真など）

　基本となるのは「グラフ」です。以下で、**円グラフ・棒グラフ・折れ線グラフ**の特徴を確認しておきましょう。

•円グラフ

▶ 各項目の比率を見たいときに用いる

▶ 各項目の比率が一目でわかる

▶ 多数の項目に対しては不向きである

•棒グラフ

▶ 複数の数量を比較したいときに用いる

▶ 棒が縦に伸びているグラフでは、横軸は比較対象となる項目を示し、縦軸はその項目の値を示す

▶ 横棒グラフは比率を見やすく表示でき、多数の項目の比較に向いている

•折れ線グラフ

▶ 数値の変動や傾向を追うときに用いる

▶ 複数のデータを同時に比較することができる

▶ 変化を可視化するのに適している

　また、図表は1つだけ示される場合もあれば、複数示される場合もあります。複数の図表が示された場合は、基本的にはすべての図表を参照する必要があります。それぞれの特徴を的確に読み取り、解答に反映させましょう。

　これまでこの本では、「問題文のみの出題」や「課題文つきの出題」について、小論文の書き方を解説してきました。これらに加えて、この **PART 5** で取り上げる「図表つきの出題」を学ぶことで、小論文の主要な出題パターンをすべて網羅することができます。

　あと一息ですから、頑張って学習しましょう。

1 高齢者の生きがいに関して、考えを述べなさい

はじめは簡単なグラフを取り上げます。
基本的な読み解き方を学んでいきましょう。

　日本では高齢化が進んでいますが、これに関連するグラフは大学入試でもよく出題されます。今回は、私たちに身近なインターネットやSNSが高齢者の生きがいにどのように影響しているかについてのグラフを出題資料として取り上げます。このグラフは難しいものではありませんので、初級編として挑戦してみてください。

モデル

Iさん

　● 人文学部志望
大学では社会学を学びたいと考えている。
自分が住む地域の高齢化や活力低下が気になっている。

問題

　次の資料は、65歳以上の人の回答を集計したものです。この資料から、高齢者の生きがいに関してどのようなことがわかるか、また、その理由についてあなたの考えを述べなさい。 500字程度

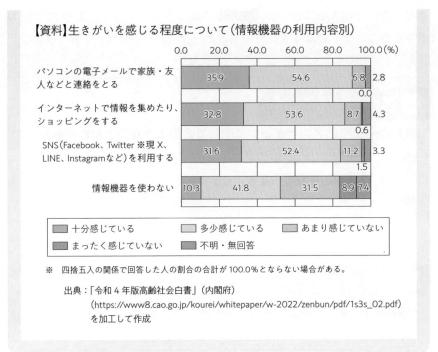

【資料】生きがいを感じる程度について（情報機器の利用内容別）

	十分感じている	多少感じている	あまり感じていない	まったく感じていない	不明・無回答
パソコンの電子メールで家族・友人などと連絡をとる	35.9	54.6	6.8	2.8	0.0
インターネットで情報を集めたり、ショッピングをする	32.8	53.6	8.7	4.3	0.6
SNS（Facebook、Twitter ※現 X、LINE、Instagramなど）を利用する	31.6	52.4	11.2	3.3	1.5
情報機器を使わない	10.3	41.8	31.5	8.9	7.4

■ 十分感じている 　■ 多少感じている 　■ あまり感じていない
■ まったく感じていない 　■ 不明・無回答

※ 四捨五入の関係で回答した人の割合の合計が 100.0％とならない場合がある。

出典：「令和4年版高齢社会白書」（内閣府）
（https://www8.cao.go.jp/kourei/whitepaper/w-2022/zenbun/pdf/1s3s_02.pdf）
を加工して作成

まずは、問題で問われていることを確認していきましょう。

問われていること①：
資料から、高齢者の生きがいに関してどのようなことがわかるか

問われていること②：
その理由について自分の考えを述べる

「問われていること①」ではグラフの読み取りが、「問われていること②」ではそれをもとに自分で考えることが求められています。

　続いて、**大まかな構成**と**字数配分**について考えます。グラフの分析も大

事ですが、小論文では自分の**「主張」**のほうがより大事な要素です。「問われていること②」のほうを長めにするというイメージで考えておきます。

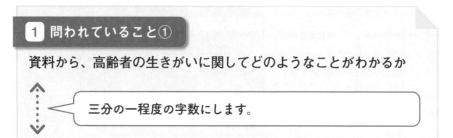

1 問われていること①

資料から、高齢者の生きがいに関してどのようなことがわかるか

三分の一程度の字数にします。

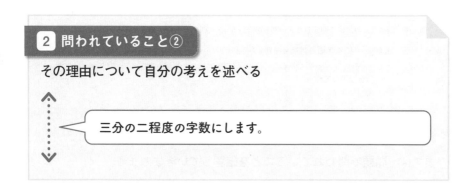

2 問われていること②

その理由について自分の考えを述べる

三分の二程度の字数にします。

では、「問われていること①」の**「資料から、高齢者の生きがいに関してどのようなことがわかるか」**について、答案に書く材料を考えていきましょう。

資料を読み解くときには、「主張」から考え始めるよりも、**「資料からわかること（＝具体例）」をつかんだうえで、自分の「主張」を考えていく**ほうが自然ですし、考えもまとまりやすくなります。ですから、いつもとは順番を逆にして考えていきましょう。

また、答案を書く際にも、資料の分析から書き始め、まとめとして「こう

いうことが言える」という「主張」を書いていくと、読み手にもサッと伝わるようになります。

　資料を分析する際には、**特徴をとらえる**ことが大事です。**全体の印象や気になった部分**などを挙げていきましょう。

上の３つの項目は同じような印象で、
４つ目の項目だけが違う感じがします。

　そうですね。グラフの中の４つの項目のうち、上から３つの項目では、「十分感じている」が35.9％～31.6％、「多少感じている」が54.6％～52.4％、「あまり感じていない」が6.8～11.2％、「まったく感じていない」が0.0％～1.5％と、それぞれの割合についてさしたる違いは見られません。
　しかし、４つ目の項目である「情報機器を使わない」人は、「十分感じている」と答えた人が、上の３つの項目と比べて極端に少ないことがわかります。「多少感じている」と答えた割合も少なくなっています。一方で、「あまり感じていない」「まったく感じていない」と答えた人の割合は、他と比べてとても大きくなっています。

　このことから、**「上から３つまで」と「４つ目」という２つのグループに分けて比較するとよい**ということがわかります。

　資料からわかることをまとめてみましょう。

小論文を書いてみよう③　図表つきの出題

1 問われていること①

資料から、高齢者の生きがいに関してどのようなことがわかるか

資料からわかること（＝具体例）

> 情報機器を活用している高齢者は、生きがいを「十分・多少感じている」
> と答えた人の割合が、80〜90％ \new!/

> 情報機器を使わない高齢者は、生きがいを「十分・多少感じている」と
> 答えた人の割合が、50％程度 \new!/

> 情報機器を使わない高齢者は、生きがいを「あまり感じていない・まっ
> たく感じていない」と答えた人の割合が、40％超 \new!/

グラフの分析を書き込むときには、**「数値」も適度に盛り込むようにします**。ただし、あまり細かく数字を取り上げるときりがないので、要点だけを押さえます。

これをもとに**「主張」**を考えてみましょう。先ほど分析した数値からはどのようなことが言えるでしょうか。これが、「高齢者の生きがいに関してどのようなことがわかるか」の答えにあたる部分になります。

> 情報機器を使用している人は
> 「生きがい」を感じている割合が高く、
> 使用していない人は「生きがい」を感じている
> 割合が低いことがわかります。

資料の特徴を端的にまとめることができましたね。これを**「主張」**として、「下書き」に書いていきましょう。

1 問われていること①

資料から、高齢者の生きがいに関してどのようなことがわかるか

資料からわかること(=具体例)

> 情報機器を活用している高齢者は、生きがいを「十分・多少感じている」と答えた人の割合が、80~90%

> 情報機器を使わない高齢者は、生きがいを「十分・多少感じている」と答えた人の割合が、50%程度

> 情報機器を使わない高齢者は、生きがいを「あまり感じていない・まったく感じていない」と答えた人の割合が、40%超

主張

> \new!/
> 情報機器を使用している人は「生きがい」を感じる傾向にあり、使用していない人は「生きがい」を感じる度合いが相対的に低い傾向にある

1つ目の「ボックス」の材料はこのくらいで十分でしょう。

このあとは、「問われていること②」の**「その理由について自分の考えを述べる」**について、材料を集めます。

なぜ情報機器を使っている人は「生きがい」を感じる傾向にあり、使っていない人はそうではないのでしょうか。これはグラフには書かれていないので、自分で考えます。

高齢になると、外出の機会が減りがちですし、1人暮らしの高齢者も少なくありません。そうした中で、情報機器を使うとどのようなことができるでしょうか?

私の祖母も１人暮らしですが、
動画通話のアプリがあれば、
孫と毎日顔を見て話すことができます。
SNS で仲間作りもできます。
インターネットを使うことで、
いろいろな情報に接することができるので、
外の世界への関心も高まるのではないかと思います。

そうですね。では、逆に、情報機器を利用しないと、どのような状況になってしまうと考えられますか？

誰かとつながっている感覚をもちにくく、
孤独感や寂しさを抱えてしまうと思います。

このように、**逆の例を挙げることで「主張」の説得力が高まります**。また、逆の例を示すことによって、自分の「主張」が本当に正しいのか客観的に見直すこともできます。

ここまでに挙げた例を踏まえると、「外界とのつながり」の有無が、「生きがい」を感じる度合いに影響を与えると言えそうです。

それでは、これを「下書き」としてまとめていきましょう。

② 問われていること②

その理由について自分の考えを述べる

主張

> 情報機器を活用することで、外部とのつながりや関心が保たれるから　＼new!／

なぜそのように考えたのか？（＝理由・具体例）

> 子どもや孫と離れて暮らしていても、電子メールを使えば手軽かつ頻繁に連絡が取れるし、通話アプリで顔を見て話せる　＼new!／

> インターネットを通じてさまざまな情報に触れることで、物事への関心や好奇心も保たれる　＼new!／

> SNSによって仲間づくりができる　＼new!／

情報機器を使わないとどうなるのか？（＝具体例）

> 外界とつながっている感覚をもちにくく、孤独感や寂しさを抱えてしまう　＼new!／

まとめ

> このようなことが、「生きがい」を感じる度合いの高低差として表れている　＼new!／

それでは、これを答案としてまとめていきましょう。今回の問題では、全体の字数が500字程度なので、最後の「まとめ」を別の段落にする必要はありません。

バッチリ 答案例

　資料より、電子メール、インターネット、SNS等を活用している高齢
≫資料からわかること（＝具体例）
者は、生きがいを「十分・多少感じている」人の割合が、80〜90％を占めている。一方で、情報機器を使わない高齢者は、生きがいを「十分・

多少感じている」人の割合が、50％強にとどまる。逆に、「あまり感じて
いない・まったく感じていない」人の割合は40％を超える。以上のこと
から、情報機器を使用している人は「生きがい」を感じる度合いが高く、
使用していない人は「生きがい」を感じる度合いが相対的に低い傾向に
あると言える。

　その理由として、電子メール、インターネット、SNS等を活用するこ
≫その理由について自分の考えを述べる（主張）
とで、外部とのつながりや関心が保たれることが考えられる。たとえば、
なぜそのように考えたのか？（＝理由・具体例）≫
子どもや孫が遠方に住んでいても、電子メールを使えば手軽かつ頻繁に
連絡が取れるし、通話アプリを使えば、毎日でも顔を見て話せる。また、
インターネットを通じて、さまざまなニュース、サイト、動画などを見
ることで、物事への関心や好奇心も保たれる。SNSは仲間づくりにも有
効である。一方で、こうした情報機器を活用する機会がなければ、外界
≫情報機器を使わないとどうなるのか？（＝具体例）
とつながっている感覚をもちにくく、孤独感や寂しさを抱えることにつ
ながる。このようなことが、「生きがい」を感じる度合いの高低差として
≫まとめ
表れていると考えられる。

この答案が評価される点

- 問われていること２点に答えられている
- グラフの特徴を的確にとらえている
- 第二段落で、納得感のある理由を提示できている

　答案の第一段落では、「情報機器を使用している人は『生きがい』を感じ
る度合いが高く、使用していない人は『生きがい』を感じる度合いが相対的
に低い傾向にある」という「主張」を、最後にもってきています。資料分析
をする場合には、このように、**「分析」→「主張」**の順に書いていくように
します。

　続いて、「イマイチ答案例」を見てみましょう。

　資料より、電子メールを使っている人で、生きがいを「十分感じている」人は35.9%、「多少感じている」人は54.6%である。次に、インターネットで情報を集めたりショッピングをする人で、生きがいを「十分感じている」人は32.8%、「多少感じている」人は53.6%である。また、SNSを活用している人で、生きがいを「十分感じている」人は31.6%、「多少感じている」人の割合は52.4%である。以上のことから、情報機器を使用している人は、「生きがい」を感じる傾向にあることがわかる。一方で、情報機器を使わない高齢者で生きがいを「十分感じている」人の割合は……

何が問題なの?

　グラフを細かく分析しすぎています。はじめの３つの項目については、大きな差はないですし、１つひとつ分析する意味は感じられません。また、字数に限りがありますので、「十分感じている」と「多少感じている」についても、それぞれ分けずに、ひとまとめにして考えてよいでしょう。**特徴がはっきりと表れているところを取り上げる**ようにします。

まとめ

▶ 　資料を分析する際には、全体の印象や気になった部分などをもとにして、特徴をつかむようにする。

▶ 　資料分析をする場合には、「分析」→「主張」の順に書いていく。

▶ 　グラフを分析するときには、「数値」も適度に盛り込むようにする。

▶ 　数値を細かく分析しすぎるときりがないので、特徴がはっきりと表れているところを取り上げる。

2 わが国の食料供給に関して、課題点と解決策を述べなさい

国際的な比較を行うグラフも大学入試ではよく出題されます。
わが国の食料自給率について考えてみましょう。

今回は、2つの資料を組み合わせた問題を扱います。2つも資料があると難しく感じるかもしれませんが、考える「手順」に変わりはありません。大学によっては、5つ以上の資料を組み合わせる場合もありますが、基本的な方法は同じです。1つひとつの資料のポイントを順番に把握していくようにしましょう。

モデル

Jさん

● **農学部志望**
食や農業にかかわる問題に興味がある。
食品関係の企業で仕事をしてみたい。

問題

資料を分析して、わが国の食料供給に関して課題点を指摘しなさい。また、問題の解決へ向けてどのように取り組むべきか、考えを述べなさい。 1000字程度

【資料 1】わが国の総合食料自給率

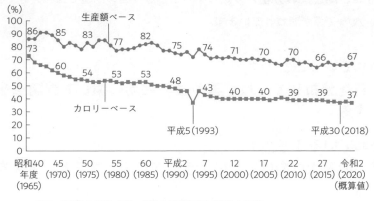

出典：「令和 3 年度 食料・農業・農村白書」（農林水産省）
（https://www.maff.go.jp/j/wpaper/w_maff/r3/r3_h/trend/part1/chap2/
c2_1_00.html#d0097）を加工して作成

【資料 2】わが国と諸外国の食料自給率

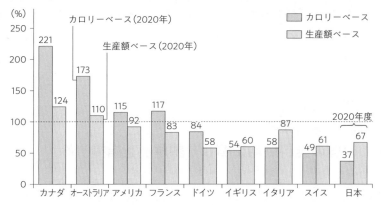

資料：農林水産省「食料需給表」、FAO "Food Balance Sheets" 等を基に農林水産省で試算。（アルコール類等は含まない）
注 1：数値は暦年（日本のみ年度）。スイス（カロリーベース）及びイギリス（生産額ベース）については、各政府の公表値を掲載。
注 2：畜産物及び加工品については、輸入飼料及び輸入原料を考慮して計算。

出典：農林水産省 Web サイト
（https://www.maff.go.jp/j/zyukyu/zikyu_ritu/013.html 令和 5 年 8 月16日利用）
を加工して作成
「令和 3 年度 食料・農業・農村白書」も参考にした

まずは、**問題文の分析**から始めましょう。今回の問題では、大きく分けると、次の2点が問われています。

問われていること①：
資料を分析して、わが国の食料供給に関して課題点を指摘する

問われていること②：
問題の解決へ向けてどのように取り組むべきか、考えを述べる

　課題点を指摘したうえで、その解決策を述べることが求められているので、「問われていること①」「問われていること②」の順番に答えます。

　細かく言うと、「問われていること①」は、「資料を分析する」と「わが国の食料供給に関して課題点を指摘する」の2点に分かれていると見ることもできます。

問われていること①：
・資料を分析する
・わが国の食料供給に関して課題点を指摘する

　ですから、「問われていること①」については、まずは資料を分析し、そのあとに課題点を指摘するという順番で書けばよいでしょう。

　続いて、**大まかな構成**を考えていきましょう。
　このような問題の場合は、「今後の取り組み」のほうが大事ですから、そちらに多めに字数を割くようにします。とはいえ、資料が2つあることを考えると、「問われていること①」もそんなに簡単に済ませることはできません。**「問われていること①」のほうをやや短めにする**というイメージで

とらえておくとよいでしょう。

　また、今回の問題では1000字程度書くので、最後に**「全体のまとめ」**の段落をつけるようにします。

1 問われていること①

・資料を分析する
・わが国の食料供給に関して課題点を指摘する

> 全体の半分以下の字数でまとめます。

2 問われていること②

問題の解決へ向けてどのように取り組むべきか、考えを述べる

> 最も多くの字数を割き、全体の半分以上書くようにしましょう。

3 全体のまとめ

（答案全体を通して言いたいこと）

> 簡単に添える程度でよいでしょう。

それでは、1つ目の「ボックス」に入る材料を考えていきましょう。

先に述べたように、この「ボックス」では、「資料を分析する」「わが国の食料供給に関して課題点を指摘する」という2つの内容を書いていくことになります。

①の問題でも見たように、資料分析の場合には、まずは資料を「分析」して、そこからこういうことが言えるという「主張」を書いたほうが、自然な構成になります。今回の「下書き」も、その順番で書くことにしましょう。

まず、【資料1】を分析します。**折れ線グラフは「変化」を表す**ので、以下の2点に、特に注目するようにします。

● 全体的な変化
▶ 特にはじめと終わりでどう違うかに着目する

● 極端な数値
▶ 一番高くなっているところと一番低くなっているところに着目する

今回は極端に高くなったり低くなったりしている箇所はありませんから、「全体的な変化」を見ればよいのです。

全体としては、「ずるずると下がっている」ということが見て取れます。

そうですね。「変化」をとらえる際には、このように、全体を見るようにしましょう。

そして、今回のグラフでは、「カロリーベース」はスタート地点から半減していますから、ここは強調してもよいでしょう。

1 問われていること①

・資料を分析する
・わが国の食料供給に関して課題点を指摘する

【資料1】の分析

日本の食料自給率は長期にわたって下落傾向にある　\new!/

どれくらい？（＝具体例）

2020年度には生産額ベースで67％、カロリーベースでは37％。カロリーベースは、1965年度より半減した　\new!/

次に、【資料2】を分析します。

棒グラフでは、以下のポイントに注目しましょう。

●棒の高さや長さ

▶特に、棒の高い部分と低い部分の差に着目する

棒グラフは、棒の高さや長さが大きいほど、そのデータが大きいことを示します。 グラフがグループごとにまとめられている場合には、グループ間で比較することができます。

今回の【資料2】の棒グラフをよく見ると、外国の食料自給率は「2020年」となっており、日本だけが「2020年度」の値なので、3カ月のズレがあることがわかります。ただし、食料自給率が3カ月で大きく変わるとは考えられない（【資料1】からもそれはわかります）ので、これは誤差の範囲としてとらえてよいでしょう。

また、このグラフにはいろいろな数字が出てくるので、あれもこれも書いているときりがなくなってしまいます。ですから、**大まかな特徴を挙げるようにしましょう**。

カロリーベースでは、日本は最下位です。
また、生産額ベースでは、健闘はしているものの、
上位国は100％を超えているので、
日本の数値が高いとまでは言えません。

重要なポイントをつかめましたね。

【資料2】の分析も、「下書き」に加えていきましょう。

1 問われていること①

・資料を分析する
・わが国の食料供給に関して課題点を指摘する

【資料1】の分析

日本の食料自給率は長期にわたって下落傾向にある

どれくらい？（＝具体例）

2020年度には生産額ベースで67％、カロリーベースでは37％。カロリーベースは、1965年度より半減した

【資料2】の分析

＼new!／
カロリーベースでは、日本は最下位である

＼new!／
生産額ベースでは中位であるが、100％を超える国があることを考えると、日本の数値が高いとは言えない

続いて、ここまでの分析をもとに、「わが国の食料供給に関して課題点を指摘」します。

　まずは**「主張」**を設定しましょう。ここまでの分析で、日本の食料自給率が低迷していることがわかりましたから、「日本の食料自給率を高めていくことが課題」になるでしょう。ただ、「なぜ高めなければいけないの？別に低くてもいいんじゃない？」という疑問も出るでしょうから、**「理由」**も示す必要があります。

　食料自給率が低いということは、外国から食べ物の多くを輸入しているということです。こうした国のあり方は、どんな問題を引き起こすでしょうか。平時はそれでよいとしても、何かあったとしたら、どうなるでしょう。

外国で大災害や紛争などが起きたときに、
日本に食料が入ってこなくなる可能性があります。

　その通りです。また、「食料が入ってこなくなる」ことについては、別の理由も考えられます。現在、アジア各国は著しい成長を遂げており、全体的に所得水準が上がっています。そうした中で、外国産の食品への需要が高まっています。今後、この状況が続けばどのような影響が出るでしょうか。

経済発展をしている国が、
日本よりも高い値段で食料を買うことが考えられます。
その結果、日本が食料を確保できなくなることも
考えられるのではないでしょうか。

　そうです。先ほどとは異なる「理由」を具体的に説明できましたね。

食べ物は、生きるうえで欠かせないものですから、「想定外のことが起きて食べ物がなくなりました」ということは許されません。そうしたリスクも考えて、なるべく自国で食料をまかなったほうがよいのです。

これらを「下書き」に書き加えていきましょう。

1 問われていること①

・資料を分析する
・わが国の食料供給に関して課題点を指摘する

【資料1】の分析

> 日本の食料自給率は長期にわたって下落傾向にある

どれくらい？（＝具体例）

> 2020年度には生産額ベースで67％、カロリーベースでは37％。カロリーベースは、1965年度より半減した

【資料2】の分析

> カロリーベースでは、日本は最下位である

> 生産額ベースでは中位であるが、100％を超える国があることを考えると、日本の数値が高いとは言えない

課題点の指摘（＝主張）

> 日本の食料自給率を高めていくことが課題である new!

なぜそのように言えるのか？（＝理由・具体例）

> 海外で大規模な災害や紛争などが起きたときに日本に食料が入ってこなくなる可能性がある new!

> 経済発展している国が日本よりも高値で食料を買いつけ、日本の消費分を確保できなくなることも考えられる new!

以上で、「問われていること①」の「資料を分析して、わが国の食料供給に関して課題点を指摘する」についての材料を出すことができました。

　続いて、「問われていること②」の**「問題の解決へ向けてどのように取り組むべきか、考えを述べる」**について、材料を出していきましょう。

　食料自給率だけでなく、地球温暖化の防止、少子化対策、巨大災害に備えた防災対策など、重要な問題はたくさん存在しますが、これらの問題は、単一の「取り組み」では解決できないため、**複数の「取り組み」を挙げる必要があります**。1つだけでは説得力に欠けますので、角度を変えて「複数の取り組み」の柱を立てるようにしましょう。ただし、4つも5つも「取り組み」の柱を立てると、それぞれの中身が薄くなってしまうので、**2つか3つ**にしておきます。

　それでは、何を書いたらよいかを考えていきましょう。

　先ほど「下書き」に書いたように、「日本の食料自給率を高めていく」ことが課題なので、日本における食料の生産量を増やす必要がありますが、ここにもさまざまな課題が存在します。たとえば、「高齢化」という視点から考えてみましょう。

日本の農業は高齢化が進んでいて、
後継者不足が深刻化しています。
今後も農業を担っていく人材を確保するための
取り組みが必要だと思います。

よいですね。「農業の担い手を確保する」が1つ目の「主張」になります。

さらに他の「取り組み」も挙げていきましょう。スーパーなどで野菜や果物の値段を見たときに気づくことはないでしょうか。

国産の野菜や果物は一般的に価格が高いです。
国産の農産物の消費を伸ばすためには、
もう少し安くなるといいと思います。

先ほどとは違う方向性で考えることができました。2つ目の「主張」は、価格引き下げへ向けて「農業の生産性向上に取り組む」ということが書けるでしょう。

さらに、もう1つ「取り組み」を挙げてみましょう。消費者の「意識」という面ではどうでしょう。

消費者に国産品を買ってもらえなければ、
自給率は高まりません。
消費者に食料自給率に関心をもってもらい、
意識して国産品を選んでもらうようにする必要が
あると思います。

よいでしょう。「消費者に食料自給率に関心をもってもらい、国産品を選んでもらう」を3つ目の「主張」としましょう。

これらの**「主張」**を「下書き」に書いていきます。

2 問われていること②

問題の解決へ向けてどのように取り組むべきか、考えを述べる

主張 1

new!

農業の担い手を確保する

主張 2

new!

農業の生産性向上に取り組む

主張 3

new!

消費者に食料自給率に関心をもってもらい、国産品を選んでもらう

この3つの「主張」に対して、それぞれ**「理由」**や**「具体例」**を補強していきましょう。

2 問われていること②

問題の解決へ向けてどのように取り組むべきか、考えを述べる

主張 1

農業の担い手を確保する

どのような問題があるのか?(＝理由・具体例)

new!

農業を始めるには資金や栽培のノウハウが必要で、新規参入の高いハードルとなっている

どうすればよいのか？（＝具体例）

意欲のある人に対して、助成する制度を拡充する \new!/

新規参入者に対して、農業団体などが栽培のノウハウを積極的に指導する \new!/

主張2

農業の生産性向上に取り組む

どのような問題があるのか？（＝理由・具体例）

日本の農業は規模が小さく、価格面で太刀打ちできない \new!/

どうすればよいのか？（＝具体例）

無人で作業できる農業機械などの開発を進める \new!/

AIを活用して、収量を上げる \new!/

法人による農業経営を推進し、大規模化する \new!/

主張3

消費者に食料自給率に関心をもってもらい、国産品を選んでもらう

どのような問題があるのか？（＝理由・具体例）

国産品を選ぶ人が増えなければ自給率は高まらない \new!/

どうすればよいのか？（＝具体例）

政府や農協などが、国産品を選ぶことが日本の食料の安定供給のために重要であることをアピールする \new!/

国産品は安全で品質が高いことも伝える \new!/

このように、「取り組み」を考えていくときには、**「主張」**に対して、**「どのような問題があるのか？」「そのために何をどうするのか？」**などと問いかけて、**具体性を高めていきます。**

最後に、**「全体のまとめ」**の段落の内容を考えます。

3 全体のまとめ

（答案全体を通して言いたいこと）

> \new!/
> 以上の取り組みで、食料自給率を向上させ、食料を安定的に供給できるようにすべき

以上の内容を、答案にまとめていきましょう。

バッチリ 答案例

　【資料1】より、日本の食料自給率は長期にわたって下落傾向にあり、
≫【資料1】の分析
2020年度には生産額ベースで67％、カロリーベースでは37％にとどまっ
≫どれくらい？（＝具体例）
ている。カロリーベースでは1965年度より半減した。【資料2】より、諸
≫【資料2】の分析
外国との食料自給率の比較では、カロリーベースは最下位である。生産
額ベースでは中位であるが、カナダ、オーストラリアなどの100％を超え
る国があることを考えると、高いとは言えない。

　以上のことから、日本の食料自給率を高めていくことが課題である。
≫課題点の指摘（＝主張）
食料自給率が低いと、海外で大規模な災害や紛争が起きたときに食料が
≫なぜそのように言えるのか？（＝理由・具体例）
日本に入ってこなくなる可能性がある。また、日本の経済力が相対的に
低下する中で、外国が日本よりも食料を高値で買いつけ、日本の消費分
を確保できなくなることも考えられる。このように、食料自給率が低い
ことは、決して望ましいことではない。

食料自給率の向上へ向けては、まず、農業の担い手を確保することが

≫問題の解決へ向けてどのように取り組むべきか（主張１）

必要である。日本の農業は高齢化が進んでおり、若い世代の参入が少な

≫どのような問題があるのか？（＝理由・具体例）

い。農業を始めるには農機購入等の資金や、栽培ノウハウが必要であり、

参入へ向けての高いハードルとなっている。そこで、農業を始めようと

≫どうすればよいのか？（＝具体例）

考える人に対して、行政が経費を助成する制度を拡充して、経済的な不

安を解消するとよい。また、農業団体などが、新規参入者に対して、栽

培ノウハウの指導をこれまで以上に積極的に行っていくべきである。

農業の生産性向上にも取り組む必要がある。海外に比べて、日本の農

≫主張２　　　　　どのような問題があるのか？（＝理由・具体例）≫

業は規模が小さく、価格面で太刀打ちできない。そこで、無人で肥料の

≫どうすればよいのか？（＝具体例）

散布や収穫などができる農業機械などの開発を進めていくべきである。

AIを活用して、最適なタイミングでの肥料散布、収穫時期を割り出し、

収量を上げることにも取り組んでいく。また、法人による農業経営を推

進し、大規模に農業を展開して、生産性を上げていくことも必要である。

さらに、消費者に国内産の農産物への関心をもってもらうことも重要

≫主張３

だ。国内産を選ぶ人が増えなければ自給率は高まらない。そこで、政府

≫どのような問題があるのか？（＝理由・具体例）≫どうすればよいのか？（＝具体例）≫

や農協などが中心となって、国内産の農産物を消費することが日本の食

料の安定供給のために重要であることをメディアでアピールする。国内

産は安全で品質が高いことも伝え、国民に選択してもらえるように、啓

発・宣伝活動に力を入れていくべきである。

以上の取り組みを通して、食料自給率を向上させ、将来にわたって国

≫全体のまとめ

内で食料が安定的に供給されるようにする必要がある。

この答案が評価される点

- 問われていること２点に答えられている
- グラフの特徴を的確にとらえている
- 「取り組み」を複数の角度から書き、説得力を高めている

取り組みの1つ目に書かれている「経費を助成する制度」「新規参入者に対して、栽培ノウハウの指導」などは、実は、すでに行われていることです。しかし、だから書いてはいけないということではありません。

　今回の問題に限らず、地球温暖化対策にしても、防災対策にしても、「社会的な課題」については、すでにさまざまな対策が打ち出されており、**まったく新しい（しかも効果的な）「取り組み」を試験時間内で考えつくのは容易ではありません**。こういう場合には、すでにある「取り組み」も交えて書いてかまいません。

　ただし、書き方には工夫が必要です。たとえば、「経費を助成する制度を拡充して」「栽培ノウハウの指導をこれまで以上に積極的に行っていくべき」というように、**既存の対策をさらに充実させることを提案し、違いを出す**とよいでしょう。

まとめ

▶ 折れ線グラフでは、「全体的な変化」と「極端な数値」に注目する。

▶ 棒グラフでは、「棒の高さや長さ」に注目して、データを読み取る。

▶ 単一の「取り組み」では解決できない問題に対しては、角度の違う複数の「取り組み」を組み合わせるようにする。

▶ すでに行われている「取り組み」や「対策」を交えて書く場合には、既存の対策をさらに充実させることを提案し、違いを出すようにする。

3 高齢化の推移と将来推計を見て、課題点と対処法を述べなさい

グラフによっては、書き込まれている情報量が多く、かなり複雑なものもあります。そうしたグラフの読み解き方も身につけましょう。

　ここで取り上げるグラフは、小論文試験でしばしば見かけるものです。高齢化の進展が与える影響は、医療、福祉、経済、地域社会などさまざまな分野に及ぶため、今後の日本の人口の変化は、志望学部を問わずに考えておきたい問題です。

　重要度の高いグラフですので、内容をしっかりと読み解いていきましょう。

モデル

Kさん

● **社会科学部志望**

社会問題についての知識を増やすために
毎日ニュースを見ることにしている。
最近、少しずつ内容がわかるようになってきた。

問題

　次の資料をもとに、今後の日本が抱える課題点を1つ指摘したうえで、その課題にどのように対処すればよいか、考えを述べなさい。
1000字程度

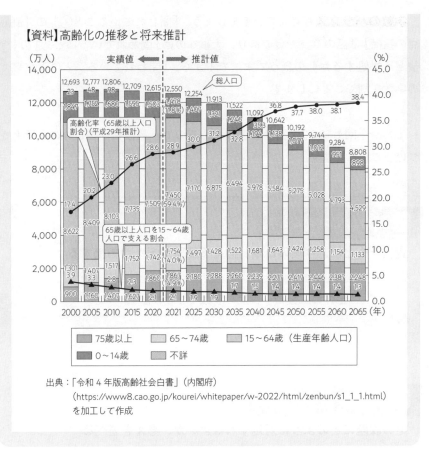

【資料】高齢化の推移と将来推計

（万人）

実績値 ←→ 推計値

総人口

高齢化率（65歳以上人口割合）（平成29年推計）

65歳以上人口を15〜64歳人口で支える割合

	75歳以上	65〜74歳	15〜64歳（生産年齢人口）
	0〜14歳	不詳	

出典：「令和4年版高齢社会白書」（内閣府）
（https://www.8.cao.go.jp/kourei/whitepaper/w-2022/html/zenbun/s1_1_1.html）
を加工して作成

　まずは、**問題の分析**を行いましょう。今回は、大きく分けると、次の2点が問われています。

問われていること①：
資料をもとに、今後の日本が抱える課題点を1つ指摘する

問われていること②：
その課題にどのように対処すればよいか、考えを述べる

字数のバランスも考えていきましょう。「問われていること①」の「課題点の指摘」は話のきっかけであり、大事なのは「問われていること②」の「今後どう対処するか」のほうです。ですから、「問われていること②」に多くの字数を割くことにします。

　また、今回も1000字程度の字数があるので、最後に「まとめの段落」をつけることにします。

---

1 問われていること①

資料をもとに、今後の日本が抱える課題点を１つ指摘する

 　全体の三分の一程度の字数でまとめます。

---

2 問われていること②

その課題にどのように対処すればよいか、考えを述べる

 　全体の三分の二程度の字数を割くようにします。

---

3 全体のまとめ

（答案全体を通して言いたいこと）

　簡単に添える程度でよいでしょう。

それでは、1つ目の「ボックス」に書くことを考えてみましょう。

「問われていること①」は、**「資料をもとに、今後の日本が抱える課題点を1つ指摘する」**です。先ほどの **2** の問題と同じように、**「資料の分析」→「課題点」**の順に書いていけばよいですね。

まずは、資料の分析から始めましょう。この【資料】は棒グラフと折れ線グラフの2つが組み合わせられているので、いろいろなデータが読み取れますね。

> この先、子どもの数が減り続けていきますね。
> 一方で、高齢化率は将来40％近いところまで届きます。
> 75歳以上の人口が2000万人以上になることもわかります。

そうですね。ただし、ここでは「今後の日本が抱える課題点を1つ指摘」するように指示されています。あれもこれも話を展開するのではなく、最終的には、課題点を1つに絞るようにします。

> 私も大学卒業後は社会に出ることになりますが、
> 15～64歳の生産年齢人口が急激に減っているのが気になりました。
> そうなると、働き手が足りなくなってしまいます。

「働き手が足りなくなる」というのは、まさに「今後の日本が抱える課題点」の1つです。生産年齢人口の減少に伴い、人手不足がより一層深刻化します。特にどんな分野で人手が足りなくなると考えられますか？

高齢者が増えていくと、
医療や介護の分野で働く人がますます必要になります。
どうやって人手を確保するかを
考えなければいけないのではないかと思います。

　そうです。生産年齢人口の減少によって、人手不足がより一層深刻化することを踏まえると、「今後の日本が抱える課題点」としては、**「生産年齢人口の減少をいかに補うか」** を挙げることができそうです。

　資料を正しく分析し、今後の日本が抱える課題をしっかりと示すことができました。

　ここまでに考えたことを「下書き」にまとめていきましょう。

1 問われていること①

資料をもとに、今後の日本が抱える課題点を1つ指摘する

【資料】の分析

> 日本では今後高齢化が加速し、生産年齢人口が急速に減少する　\new!/

具体的にはどのようになるのか？（＝具体例）

> 2020年時点の生産年齢人口は7509万人であったが、2065年には4529万人まで減少する見込みである　\new!/

> その間、65歳以上の人々を15歳から64歳までの人々で支える割合は2.1から1.3に減少することになる　\new!/

今後の日本が抱える課題点

> 生産年齢人口の減少をいかに補うか　\new!/

なぜ？（＝理由）

働く人が少なくなれば、人手不足が深刻になる \new!

どのような問題が起きるのか？（＝具体例）

行政では今までどおりのサービスが提供できなくなる。企業活動も停滞 \new!

特に、医療福祉分野での人手不足が深刻になる \new!

続いて、「問われていること②」の**「その課題にどのように対処すれば
よいか、考えを述べる」**についても材料を出していきましょう。

2の問題を考える際にも説明したように、このような大きな社会問題は
1つの取り組みで解決するものではないですから、**複数の案**を出したいと
ころです。

まず考えられるのは、「働き手を増やす」ということです。とはいえ、「生
産年齢人口が減っている中で、どのようにして働き手を増やすの？」という
疑問もあります。そこで、働く意欲があるのに、働けていない人に注目して
みましょう。

> 私の祖父は65歳で定年退職しました。
> 日本では60歳から65歳での定年退職が一般的ですが、
> まだまだ働きたいと考える高齢者はたくさんいます。

そうですね。定年退職を迎えたあとにも働く意欲のある高齢者に仕事をも
ってもらえれば、働き手は増えます。
　また、女性は子育てのために退職せざるを得ないケースがあります。その
ような女性が再び働けるようにすることも重要でしょう。

さらに、障害のある人も、毎日出社することが難しいなどの理由で、社会参加が進んでいない面があります。しかし、今の時代は、自宅でも仕事をすることが可能ですから、そのような働き方を広げることで、より社会参加がしやすくなります。

このあたりを「下書き」にまとめてみます。

2 問われていること②

その課題にどのように対処すればよいか、考えを述べる

主張

働く意欲のある人の社会参加を促す \new!/

たとえばどのような人か?(=具体例)

定年退職を迎えたあとにも働く意欲のある高齢者に仕事をもってもらう \new!/

子育てのために退職せざるを得なかった女性が再び働けるようにする \new!/

障害のある人が社会参加しやすい働き方を広げる \new!/

ただし、何もせずに社会参加が増えるわけではないですから、「そのためにどうしたらよいのか」という **「具体的な方法」** を書き込む必要があります。仕事に就くためには何が必要でしょう?

職業訓練を受けたり、資格を取得したりすることで就業につながると思います。

そうですね。行政が職業訓練を充実させたり、資格取得を後押ししてくれたりすると、働く意欲のある人の就業につながりそうですね。そのために、具体的にどのような方法が考えられますか？

> 高齢者はパソコンが苦手な人もいるので、
> パソコンの操作技術取得などのカリキュラムを充実させたり、資格取得の費用の助成を手厚くしたりするといいと思います。

　よいですね。これ以外にも、短時間労働やテレワークなどの多様な働き方を積極的に取り入れていくことが考えられます。
　これらを「下書き」にまとめていきましょう。

❷ 問われていること②

その課題にどのように対処すればよいか、考えを述べる

主張

> 働く意欲のある人の社会参加を促す

たとえばどのような人か？（＝具体例）

> 定年退職を迎えたあとにも働く意欲のある高齢者に仕事をもってもらう

> 子育てのために退職せざるを得なかった女性が再び働けるようにする

> 障害のある人が社会参加しやすい働き方を広げる

そのためにどうしたらよいのか？（＝具体例）

\new!/

> 行政が意欲のある人に対しての職業訓練を充実させたり、資格取得を後押ししたりする

\new!

多様な働き方を積極的に取り入れていく

もっと具体的に言うと、どんなことか？（＝具体例）

\new!

パソコンの操作技術取得などのカリキュラムを充実させたり、資格取得の費用の助成を手厚くしたりする

\new!

短時間労働やテレワークなどを積極的に活用する

さらに、「生産年齢人口の減少をいかに補うか」という課題に対して、**別の角度からの対処法も考えてみましょう。働く人が減っても仕事が回っていくようにする**という考え方もありますよね。

仕事を自動化できればいいですね。
そうすれば、仕事の効率を上げることもできます。

よいですね。「働く意欲のある人の社会参加を促す」といっても、急激に生産年齢人口が減っていく中で、それだけでは追いつかないと考えられます。そこで、生産年齢人口を増やすための「取り組み」をする一方で、仕事を自動化して、人手が少なくてもやっていける社会にするという「取り組み」が考えられます。

これは、一見すると、1つ目の「取り組み」と相反するようにも思えるかもしれません。しかし、あまりにも生産年齢人口の減り方が急激なので、「社会参加の促進」と「自動化・効率化」を並行して進めることは、「生産年齢人口の減少を補う」ための方策として矛盾しません。2つの「取り組み」は補完関係にあり、同時に進めるということです。

それでは、2つ目の「取り組み」を「下書き」に書き込んでいきましょう。

2 問われていること②

その課題にどのように対処すればよいか、考えを述べる

主張1

働く意欲のある人の社会参加を促す

たとえばどのような人か？（＝具体例）

定年退職を迎えたあとにも働く意欲のある高齢者に仕事をもってもらう

子育てのために退職せざるを得なかった女性が再び働けるようにする

障害のある人が社会参加しやすい働き方を広げる

そのためにどうしたらよいのか？（＝具体例）

行政が意欲のある人に対しての職業訓練を充実させたり、資格取得を後押ししたりする

多様な働き方を積極的に取り入れていく

もっと具体的に言うと、どんなことか？（＝具体例）

パソコンの操作技術取得などのカリキュラムを充実させたり、資格取得の費用の助成を手厚くしたりする

短時間労働やテレワークなどを積極的に活用する

主張2

＼new!／
仕事の自動化、効率化に取り組む

なぜそうすべきなのか？（＝理由）

＼new!／
生産年齢人口の減少が急激なので、労働への参加者を増やす一方で、仕事そのものを効率化することも必要だから

たとえばどのようなことか？（＝具体例）

人手不足が深刻なバスやトラックなどの運転は、自動運転に置き換える `new!`

介護ロボットなどの開発により、医療福祉分野の人手不足を補う `new!`

弁護士、会計士のような専門業務でも、事務的な作業は自動化する `new!`

そのうえで、新しいデザインや企画を生み出すこと、対人営業などに人間を配置する `new!`

最後に、「全体のまとめ」の段落に書く内容を考えます。

3 全体のまとめ

（答案全体を通して言いたいこと）

生産年齢人口の減少は避けられない。それに対処できる社会をつくる `new!`

ここまで材料が出せたら、答案としてまとめてみましょう。

バッチリ 答案例

　【資料】より、日本では今後高齢化が加速し、生産年齢人口が急速に減
≫【資料】の分析
少していくことがわかる。社会の支え手となる15〜64歳の層は、2020年
　　　　　　　　≫具体的にはどのようになるのか？（＝具体例）
には7509万人であったが、2065年には4529万人にまで減少する。この間、
65歳以上を15〜64歳で支える割合は2.1から1.3にまで減少し、現役世代
の負担が重くなる。以上のことから、今後の日本が抱える課題点は「生
　　　　　　　　　　　　　　　　　　≫今後の日本が抱える課題点
産年齢人口の減少をいかに補うか」にある。働く人が少なくなれば、人
　　　　　　　　　　　　　　　　≫なぜ？（＝理由）
手不足が深刻になる。行政では今までどおりのサービスが提供できなく
　　　≫どのような問題が起きるのか？（＝具体例）

なるし、企業活動も停滞する。特に、高齢化でニーズが高まる、医療福祉分野での人手不足が深刻になることが予想される。そこで、次のように対処すべきである。

1つ目に、働く意欲のある人の社会参加を促すことである。日本の企
≫取り組み（＝主張1）　　　　　　　　　　　　　たとえばどのような人か？（＝具体例）≫
業では、60歳から65歳で定年退職となるのが一般的である。しかし、高齢になっても元気で意欲のある方は多い。また、女性は子育てのために退職せざるを得ないケースがあり、もてる力をいかせていない人がいる。さらに、障害者は毎日出社することへのハードルが高いなど、社会参加が難しい面があった。しかし、通信技術の発達で、自宅でも仕事ができるようになり、状況は大きく変わった。こうした人たちに積極的に社会で活躍してもらい、社会の支え手に加わってもらうのである。そのために、行政が意欲のある人に対して職業訓練を充実させていくべきである。
≫そのためにどうしたらよいのか？（＝具体例）
たとえば、パソコンの操作技術取得などのカリキュラムを充実させると
≫もっと具体的に言うと、どんなことか？（＝具体例）
ともに、資格取得の費用の助成を手厚くして、社会で活躍できるようにする。また、企業の側も、画一的な働き方ではなく、短時間労働やテレワークなど、多様な働き方を積極的に取り入れていくべきである。官民で取り組み、社会の支え手を増やしていくことが求められる。

2つ目に、仕事の自動化、効率化に取り組むことである。急激な生産
≫取り組み（＝主張2）　　　　　　　　　　　　なぜそうすべきなのか？（＝理由）
年齢人口の減少に対応するには、労働への参加者を増やす一方で、仕事そのものを効率化することが欠かせない。たとえば、人手不足が深刻な
≫たとえばどのようなことか？（＝具体例）
バスやトラックなどの運転は、自動運転に置き換えていく。介護の分野でも、介護ロボットなどの開発により人手不足を補う。弁護士、会計士のような専門業務でも、事務的な作業は自動化することが可能である。このように、効率化できることは効率化し、新しいデザインや企画を生み出すこと、対人営業などの、人間でなければできない分野に労働者を配置するのである。

生産年齢人口の減少は避けられない未来である。以上の取り組みによ
≫全体のまとめ
り、その未来に対処できる社会をつくり上げるべきである。

- ポイントを絞ってグラフの分析ができている
- グラフの分析を踏まえて「課題点」を示している
- 「取り組み」は複数の角度から具体的に書き、説得力を高めている

　グラフには多くの情報が含まれていますが、**グラフの中から重要な部分を見つけ出し、それにもとづいて分析を行う**ことが必要です。また、分析結果をもとに「課題点」を示す際には、問題点を具体化し、解決する必要性を説明します。この答案ではそれらの点がきちんとできています。

　これを踏まえて、「イマイチ答案例」を見てみましょう。

イマイチ答案例

　【資料】より、日本では今後少子化が加速していくことがわかる。2020年には1503万人であった14歳以下の人口が、2065年には900万人を割り込む。そして、生産年齢人口も急速に減少していく。15〜64歳の層は、2020年には7509万人であったが、2065年には4529万人にまで減少する。その一方で高齢者の割合は上昇を続け、2065年には4割近くまで増える。この間、65歳以上を15〜64歳で支える割合は2.1から1.3にまで減少し、現役世代の負担が重くなる。以上のことから、今後の日本が抱える課題点は「生産年齢人口の減少をいかに補うか」にある。働く人が少なくなれば、人手不足が深刻になる。……

何が問題なの?

　グラフからわかることを全部盛り込もうとしています。この答案では、資料分析として、まず「少子化」を、その次に「生産年齢人口の減少」を取

り上げています。そのうえで、高齢者の割合が増加するという「高齢化」について指摘していますが、このように、**いくつもの分析を盛り込んだことによって、「生産年齢人口の減少をいかに補うか」という「主張」とのつながりが見えづらくなっています。**

　この問題では、「資料をもとに、今後の日本が抱える課題点を１つ指摘」することが求められています。資料分析の段階からこの点を意識し、**グラフのどこにふれるべきかを考える**ようにしましょう。

まとめ

- ▶ 大きな社会問題は、１つの「取り組み」では解決できないので、角度の違う複数の「取り組み」を組み合わせるようにする。
- ▶ 情報が多く含まれているグラフの場合、グラフの中から重要な部分を見つけ出し、それにもとづいて分析を行う。
- ▶ 「課題点を１つ指摘する」という指示の場合は、グラフの中からいくつもの要素を取り上げると「主張」とのつながりが見えづらくなる。グラフのどこにふれるべきかを考える。

4 これからの「共食」について、自由に論じなさい

身近なテーマを扱った問題です。
自分の経験も交えながら考えていきましょう。

最後は、課題文と図表の両方がつけられているタイプの出題です。

モデル

Lさん

● **人間文化学部志望**
人とのコミュニケーションの方法について研究したい。
コロナ禍では、人との接点が絶たれ、
さびしい思いをした。

問題

次の文章を読んで、あとの問いに答えなさい。

（福岡女子大・後期日程）

1　食文化研究者の石毛直道は、「『人間は共食（きょうしょく）する動物
である』ことが、動物の食事と人間の食事を区別する特徴[出典1]」である
と指摘している。誰かと一緒に食卓を囲み、会話を楽しみながら食事を
するような共に食べる行為、つまり「共食」は、人間の文化的な特徴の
ひとつである。

② 【図】をみると、人々は「共食」にさまざまな利点があると感じていることがわかる。そのためか、現代社会において、ひとりで食事をする「孤食」や、一緒にいても別々のものを食べたりする「個食」をする場面が増えていることに対しては、問題だと指摘されることもある。

③ しかし、新型コロナウイルスの流行下においては、感染防止対策の観点から従来通りの「共食」が難しいものになり、むしろ「孤食」や「個食」が望ましい場面もでてきている。

【図】共食に伴う利点（３つまで複数回答可）[出典2]

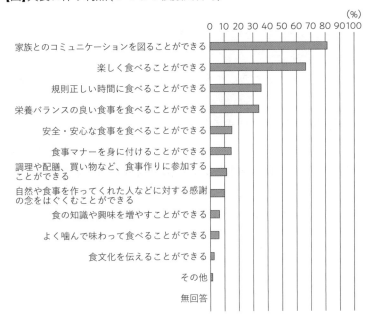

資料：内閣府「食育の現状と意識に関する調査」平成23年３月

出典１：石毛直道・鄭大聲編著「食文化入門」講談社サイエンティフィク、2007年、pp.3-4

出典２：農林水産省「みんなの食育」
https://www.maff.go.jp/j/syokuiku/minna_navi/topics/topics1_02.html
2020年12月17日取得　問題作成のため抜粋、一部改変

問題の分析から始めましょう。

この問題には、課題文と【図】の２点がつけられています。

まず、課題文のほうですが、書いてあることは難しくありません。一通り読んで頭に入れます。

【図】は棒グラフです。グラフの見方については、後ほど詳しく説明します。

続いて、問を確認していきます。

やや複雑な指示になっているので、こういう場合には、**直接的に「〜を論じよ」「〜を述べよ」と指示している部分を取り出します**。すると、「これからの『共食』について、あなたの考えを500字以内で自由に論じなさい」という部分が、直接の指示であることがわかります。

では、問題文の前半部分は何のためにあるのでしょうか？　ここは**答案を書くうえでの「指針」**となります。この問題では、「これからの『共食』について、あなたの考えを500字以内で自由に論じなさい」と問われていますが、漠然としすぎていて、これだけでは何を書いたらよいのかすぐには思いつかない人も多いのではないでしょうか。

問題文の前半部分では、

- 人が、他の人と「共食」をすることにはどのような意味があるのだろうか

- 新型コロナウイルスによる感染症の流行を経験した今後の社会において、「共食」は変わっていくのであろうか

という、2つの問いかけがなされています。**これに順番に答えていけば、最終的には、「これからの『共食』」について答えたことになります。**

字数の配分についてですが、どちらも大事なことなので、同じくらいの字数を割くようにします。ただし、「新型コロナウイルスによる感染症の流行を経験した今後の社会において、『共食』は変わっていくのであろうか」という問いかけに対する答えは、出題の直接的な指示である「これからの『共食』」にかかわるので、こちらのほうにやや比重を置くようにします。

また、「50字以内のタイトルをつける」という条件が加えられていることも、あわせて確認しておきましょう。

改めて、問われていることをまとめると、次のようになります。

問われていること①：
人が、他の人と「共食」をすることにはどのような意味があるのか

問われていること②：
新型コロナウイルスによる感染症の流行を経験した今後の社会において、「共食」は変わっていくのか

条件　解答の500字とは別に、50字以内のタイトルをつける

500字以内という短めの字数指定なので、「まとめの段落」をつける必要があるかどうかは迷うところですが、これについては、「問われていること①」と「問われていること②」の材料を出した段階で検討しましょう。

　以上を踏まえると、全体の構成は次のようになります。

 問われていること①

人が、他の人と「共食」をすることにはどのような意味があるのか

半分弱程度の字数を使います。

 問われていること②

新型コロナウイルスによる感染症の流行を経験した今後の社会において、「共食」は変わっていくのか

半分よりやや多めの字数になるようにします。

　それでは、「問われていること①」の**「人が、他の人と『共食』をすることの意味」**について、グラフも参考にしながら考えていきましょう。

　グラフは棒グラフです。 **2** の問題を考える際にも説明したように、**棒グラフでは値が大きいところに注目します**。「家族とのコミュニケーションを図ることができる」「楽しく食べることができる」という、他者とのつながりから生まれる満足感が上位になっているため、その点が「共食」の一番

大事な意味だとわかりますね。これが **「理由」** にあたります。

この考えを補強するために、「共食」によって他者とのつながりを感じた **「具体例」** を挙げていきましょう。

> 私の家では、夕食は全員がそろって食卓を囲みます。
> 「おいしい」という感想から始まって、
> 勉強のことや友人のことが話題になります。

よいですね。それでは、これを「下書き」に書いていきます。

1 問われていること①

人が、他の人と「共食」をすることにはどのような意味があるのか

主張

\new!/
「共食」によって、時間を共有し、関係性を深めることができる

なぜそのように言えるのか？（＝理由）

\new!/
【図】から、「コミュニケーションを図る」「楽しく食べることができる」などの、他者とのつながりから生まれる満足感が上位になっていることが読み取れるから

どのようなときにそう感じるか？（＝具体例）

\new!/
私の家では、夕食は全員がそろって食卓を囲む

\new!/
「おいしい」という感想から始まり、勉強のことや友人のことが話題になる

次に、「問われていること②」の**「新型コロナウイルスによる感染症の流行を経験した今後の社会において、『共食』は変わっていくのか」**についても考えてみます。

　変わっていく部分があるとすればどんなところでしょうか?

コロナ禍でオンライン形式での食事が広まりましたが、これは、新しい「共食文化」として定着するのではないでしょうか?

　コロナ禍が収まれば本来の「共食」に戻りそうな気がしますが、なぜ、定着すると考えたのでしょうか?

「コミュニケーション」や「楽しく食べる」という部分は、オンラインでも同じだと思いました。
リアルの「共食」のほうが楽しいことはたしかですが、オンラインなら、遠くに住む人とでも「共食」できます。

　「オンライン形式で顔を見ながら食事をする形態が、新たな『共食文化』として、受け入れられていく」という「主張」に対して、しっかりと**「理由」**を説明できましたね。

　それでは、これを「下書き」に書き込んでいきましょう。

2　問われていること②

新型コロナウイルスによる感染症の流行を経験した今後の社会において、「共食」は変わっていくのか

主張

> オンライン形式で顔を見ながら食事をする形態が、新たな「共食文化」として、受け入れられていくのではないかと考える　\new!/

なぜそのように言えるのか?(＝理由)

> 「共食」の大きなメリットである「コミュニケーション」や「楽しく食べる」という部分は、オンラインでも体験可能だから　\new!/

> リアルの「共食」のほうが楽しいことはたしかだが、離れている人同士ではオンライン形式の「共食」も意義があるから　\new!/

　続いて、作成した「下書き」を、答案にどうまとめるかについて考えていきましょう。この問題の直接的な指示は、以下のようになっていました。

- **これからの「共食」について、あなたの考えを自由に論じなさい**

　そして、この問いに答えるための「指針」として、次の2つの問いかけがあるという構造になっていました。

- **人が、他の人と「共食」をすることにはどのような意味があるのか**

- **新型コロナウイルスによる感染症の流行を経験した今後の社会において、「共食」は変わっていくのか**

そこで、はじめに、直接的な指示に対する解答を端的に示し、その後、2つの問いかけに答えていくという形にするとよいでしょう。いつもは答案の最後につける「まとめの段落」を、答案の冒頭に置くというイメージです。

全体のまとめ（答案冒頭部分）

（答案全体を通して言いたいこと）

> これからの「共食」には、オンライン形式も含まれることになると考える　＼new!／

　それでは、上記の材料を答案としてまとめます。

バッチリ 答案例

　これからの「共食」には、オンライン形式も含まれることになると考
≫全体のまとめ
える。
　そもそも「共食」には、人と人とを繋げる意味がある。【図】からは「コ
≫人が、他の人と「共食」をすることにはどのような意味があるのか　　　　　≫理由
ミュニケーションを図る」「楽しく食べることができる」などの、他者と
のつながりから生まれる満足感が上位になっていることが読み取れる。
私の家では、夕食は全員がそろって食卓を囲む。「おいしい」という感想
≫どのようなときにそう感じるか?（＝具体例）
から始まって、勉強のことや友人のことが話題になる。「共食」には、そ
の場の人と時間を共有し、関係性を深める効果がある。
　コロナ禍で、感染対策のために「共食」は一時避けられた。一方で、
≫新型コロナウイルスによる感染症の流行を経験した今後の社会において、「共食」は変わっていくのか
オンラインで顔を見ながら食事をする形態が生まれた。私も何度か友人
なぜそのように言えるのか?（＝理由）≫
とオンライン会食を行ったが、「共食」の大きなメリットである「コミュ
ニケーション」や「楽しく食べる」という部分は、オンラインでも体験
可能だ。もちろん、直接会うに越したことはないし、今後は本来の「共
食」に戻るだろう。しかし、離れている人同士ではオンライン形式の「共

食」も意義がある。コロナ禍によって私たちは、オンライン形式の「共食」も可能だという気づきを得た。新たな「共食文化」として、受け入れられていくのではないだろうか。≫主張

この答案が評価される点

● 問題の直接的な指示を理解して答えられている
● 資料（図）を答案の中で上手に活用できている
● 自分の考えを、「具体例」も交えてわかりやすく書けている

　答案の冒頭で「これからの『共食』について、自由に論じる」という指示に対する答えを端的に示し、そのあとに、２つの問いかけに対する答えを書いています。文章の流れを考えて、下書きとは多少順番を入れ替えて書いたところもあります。

　最後に、問題の「50字以内のタイトルをつけなさい（解答用紙のタイトル欄に記入すること）」という条件に従って、「タイトル」を考えましょう。

タイトルは、答案全体で言いたいことを端的に言い表すようにします。
答案の冒頭にあるように、全体を通して言いたいことは、「これからの『共食』には、オンライン形式も含まれることになると考える」でした。「これからの」というのはもちろん、「コロナ禍を経験したあとの」という意味ですね。

　たとえばここで、

●「共食」は人と人とを繋げることであり、今後はオンライン形式の『共食』も取り入れられていくのではないか

というタイトルをつけたとしましょう。

答案では、「共食」の意義として「コミュニケーションを図る」「楽しく食べることができる」を挙げたうえで、コロナ禍で行われるようになったオンライン形式の「共食」は、今後も取り入れられていくのではないかということを述べています。ですから、タイトルに書いてあることは、たしかにその通りです。しかし、それらをすべて書こうとすると、間延びした印象になってしまいます。

　タイトルのつけ方のコツは、

- **一番大事なことを端的に言い表す**
- **意外な言葉や気になるフレーズを入れる**

の2点です。

　インターネットの記事などもそうですが、気になる見出しがあると、記事の本文も読んでみたくなりますよね。小論文試験でも、採点者に「おっ、読んでみよう」と思わせるようなタイトルにすることを意識します。

　ですから、今回の答案のタイトルは、以下のようにしてみてはどうでしょうか。

- **コロナ禍が拓く、新たな「共食文化」**

　ここでは、「コロナ禍が拓く」というところに、ちょっとした意外性があります。コロナ禍は、社会全体に重苦しい経験をもたらしました。辛い思い出として残っている人がほとんどでしょう。
　しかし、ここでは「コロナ禍が拓く」と、コロナ禍をプラスの意味に転換するような表現を使っています。これを見ると、「おや、どういう意味なのかな」と気になるのではないでしょうか。

「新たな『共食文化』」もポイントです。「新しいことが始まる」と聞いたら、誰しも「何が起きるの？」と、気になります。そのような「**気になる要素**」がこのタイトルには含まれています。

読み手が気になった時点で、タイトルとしては成功です。

なお、今回は「50字以内」という字数の指定がありましたが、タイトルの場合は、制限字数いっぱいに書いたほうが評価されるということはありません。「**内容を本質的にわかりやすく表現できているか**」や「**印象に残るものになっているか**」などが評価のポイントになります。

まとめ

▶ 長い問題文の場合には、直接的に「〜を論じよ」「〜を述べよ」と指示している部分に注目する。

▶ 解答の方針を考える際は、直接的な出題の指示の前に書いてある記述も参考にする。

▶ タイトルをつけるときのコツは、「一番大事なことを端的に言い表す」「意外な言葉や気になるフレーズを入れる」の２点。読み手が気になった時点で、タイトルとしては成功である。

本書の著者から直接指導が受けられる!
「ウェブ小論文塾」のご紹介

本書の著者である今道琢也氏が代表を務める「ウェブ小論文塾」では、メールなどを利用して、大学入試の小論文・志望理由書・自己推薦書・課題レポートなどの添削・作成指導を行っています。

答案提出の翌日から3日以内の返却（休講日を除く）を実現し、受講生から高い評価を得ています。

著者の今道琢也氏から直接文章の添削・指導を受けたい方は、ぜひご活用ください。面接指導も実施しています。

詳細は、以下よりご確認いただけます。

小論文・志望理由書・自己推薦書・課題レポート…etc

合格実績多数!

勝てる小論文へ徹底指導!

「ウェブ小論文塾」

PCから

▼

https://ronbun.net/

スマートフォン・タブレットから

▼

最速で合格するなら この 1 冊！

ベストセラー『落とされない小論文』(ダイヤモンド社)の著者が
大学受験生のために書いた志望理由書対策の決定版

志望理由書の
書き方が

ゼロから
わかる！

『大学入試　最速で合格をつかむ 志望理由書の書き方』
元NHKアナウンサー「ウェブ小論文塾」代表　今道琢也　著

巻頭特集　**志望理由書の常識をアップデートしよう**

PART1　志望理由書を書くときに必ず押さえたいこと

PART2　やってはいけない！ ありがち失敗答案10のパターン

PART3　実践！ 志望理由書を書いてみよう

PART4　出願書類にあるいろいろな質問事項

PART5　元NHKアナウンサーが教える面接必勝法

出願準備から面接まで役立つ！　別冊「志望理由書 お役立ちブック」つき

[著者紹介]
今道 琢也（いまみち・たくや）

1975年大分県生まれ。インターネット上の文章指導塾「ウェブ小論文塾」代表。
京都大学文学部国語学国文学科卒。元NHKアナウンサー。
高校時代、独学で小論文の書き方をマスターする。現役時に大阪大学文学部、翌年の再受験で京都大学文学部、慶應義塾大学文学部、就職試験ではNHKの採用試験を突破（すべて論文試験あり）。
2014年に独立し「ウェブ小論文塾」を開校。大学・大学院入試をはじめ、高校入試、公務員・教員採用試験、昇進試験にいたるまで、あらゆる分野の小論文、志願書等の書き方を指導。毎年多数の合格者を輩出している。
10万部を突破した人気書『全試験対応！直前でも一発合格！落とされない小論文』（ダイヤモンド社）をはじめ、『合格答案はこう書く！公務員試験小論文 頻出テーマ完全攻略』（高橋書店）、『昇進試験小論文合格法』（自由国民社）、『文章が苦手でも「受かる小論文」の書き方を教えてください。』（朝日新聞出版）、『大学入試 最速で合格をつかむ 志望理由書の書き方』（文英堂）など多数の著書があり、文章術のエキスパートとして高く評価されている。

□本文デザイン　ホリウチミホ（ニクスインク）
□本文イラスト　ハザマチヒロ
□編集協力　名越由実
□校正　㈱鷗来堂

シグマベスト
**大学入試 最速で合格をつかむ
小論文の書き方**

本書の内容を無断で複写（コピー）・複製・転載することを禁じます。また、私的使用であっても、第三者に依頼して電子的に複製すること（スキャンやデジタル化等）は、著作権法上、認められていません。

著　者	今道琢也
発行者	益井英郎
印刷所	中村印刷株式会社
発行所	株式会社文英堂

〒601-8121　京都市南区上鳥羽大物町28
〒162-0832　東京都新宿区岩戸町17
（代表）03-3269-4231

大学入試

最速で合格をつかむ
小論文の書き方

最新の
入試傾向がわかる!

別 冊

頻出テーマ・キーワードブック

文英堂

「知らないから書けない」ということにならないために

　小論文試験では、与えられたテーマに対して、自分の 【主張】 を述べること
が求められます。そのため、普段から世の中のできごとに興味関心をもち、知
識を増やしておきましょう。

　知識を増やす方法として、最もよいのは、普段から **テレビのニュースを見た
り、新聞やネットのニュース記事に目を通したりすること** です。毎日、政治から、
医療、教育、文化まであらゆる分野のニュースが流れていますから、幅広く見
るようにしてください。

　ニュースや記事の中で、キーワードとなる言葉を目にすることがあると思い
ます。たとえば、最近よく見かけるのは「グローバル化」という言葉です。他
に、「格差社会」や「働き方改革」なども、目にすることが多い言葉です。こ
れらが何を指しているのか、なぜ話題になっているのか、じっくり考えたこと
はあるでしょうか？

　こうしたキーワードはよく小論文試験で取り上げられます。そのときに、**そ
のキーワードの概要や問題点などをまったく知らなければ、完全にお手上げとい
うことになってしまいます**。ですから、5教科の勉強をするだけではなく、社
会で起こっていることにできるだけ関心をもつようにしましょう。

　この、別冊「頻出テーマ・キーワードブック」では、小論文試験で取り上げ
られやすいテーマについて、**言葉の意味** や、答案を書くうえでの **考え方のヒン
ト** を簡単に解説しています。関心をもったテーマは、さらに自分で調べたり本
を読んだりして、知識を深めていくようにしましょう。

最新の入試傾向が
わかる!

［別冊］頻出テーマ・キーワードブック もくじ

1 日本が直面している問題 ·· 4

2 環境問題 ·· 14

3 学部を問わず出題されやすいテーマ ························· 17

4 教育系の学部で出題されやすいテーマ ····················· 23

5 医療・福祉系の学部で出題されやすいテーマ ········· 27

この「別冊　頻出テーマ・キーワードブック」には、小論文試験によく出題されるテーマ
と考え方のヒントを掲載しています。
最新の入試傾向を知るとともに、志望する学部でよく出題されるテーマや用語の知識を身に
つけるのに役立ててください。

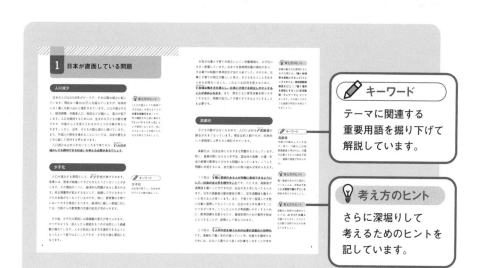

キーワード

テーマに関連する
重要用語を掘り下げて
解説しています。

考え方のヒント

さらに深堀りして
考えるためのヒントを
記しています。

1 日本が直面している問題

人口減少

日本の人口は2008年がピークで、それ以降は減少に転じています。現在は１億2000万人を超えていますが、将来的には１億人を割り込むと推計されています。人口が減少すると、経済規模、労働者人口、税収などが縮小し、国力が低下します。人口を維持するためには、生まれる子どもの数を増やすか、外国から人を受け入れるかの２つの方策が考えられます。しかし、近年、子どもの数は減少し続けています。また、外国人の移住を進めることについては、治安の悪化などを心配して反対する声もあります。

人口減少は止められないところまで来ており、💡**「人口が減少しても維持できる社会」**も考える必要があるでしょう。

考え方のヒント

💡 **考え方のヒント**

「人口が減少しても維持できる社会」を考えるうえで、**仕事を自動化する**ことや、町の機能を中心部に集める**「コンパクトシティ化」**などが参考になります。他にどのようなことが挙げられるかを考えてみましょう。

少子化

人口が減少する原因として、✏**少子化**が挙げられます。背景には、若者が結婚して子どもをもとうとしないことがあります。その理由の１つに、経済的な問題があると言われます。非正規雇用が拡大するなどして、結婚して子どもをもつだけの余裕がなくなっているのです。特に、教育費は子育てにおいて大きな負担となります。経済的に厳しい家庭に対しては、行政からの教育費の支援の拡充が求められます。

その他、少子化の原因には価値観の変化が考えられます。かつてのような、成人したら家庭をもつのが当然という価値観が崩れています。人々が自由に生き方を選択できるようになったという面ではよいことですが、少子化の進む要因ともなります。

 キーワード

少子化
出生率が低下し、社会全体の子どもの数が減ること。

女性が仕事と子育てを両立しにくい労働環境も、少子化に大きく影響しています。日本では長時間労働の傾向があり、大企業では転勤や単身赴任が当たり前でした。そのため、仕事と子育ての両立が難しいと考え、子どもをもつことをあきらめる女性もいました。このような状況を変えるために、**多様な働き方を導入し、仕事と子育てを両立しやすくすることが求められます。**また、男女ともに育児休業を取りやすくするなど、両親が協力して子育てができるようにすることも必要です。

高齢化

子どもの数が少なくなる中で、人口に占める✎**高齢者**の割合が大きくなっています。現在は約３割ですが、将来的に４割程度に上昇すると推計されています。

高齢化は、社会全体にさまざまな問題をもたらしています。特に、産業分野における人手不足、国全体の医療・介護・年金の経費の膨張などが大きな問題となっています。こうした問題に対処するには、多方面からの取り組みが求められます。

１つ目は、💡**働く意欲のある人が労働に参加できるようにして、社会の支え手を増やすこと**です。たとえば、高齢者が退職後も働くことができれば、社会の支え手になってもらえます。日本の高齢者は勤労意欲が高く、定年退職後も働きたいと考える人が多くいます。また、子育てが一段落した女性に仕事に復帰してもらうことも、社会の支え手を増やすことにつながります。こうした人たちが再就職しやすくするために、教育訓練を充実させたり、資格取得のための費用を助成したりすることが、政策として考えられます。

２つ目は、💡**人手不足を補うための仕事の自動化と効率化**です。高齢化で働く世代が減っていく中、生産力を確保するためには、少ない人員でより多くの仕事をこなすことが求め

💡 **考え方のヒント**

多様な働き方を実現するための方策には、「**働く時間帯を柔軟にすること（フレックスタイム・短時間勤務制度など）**」と「**働く場所を柔軟にすること（在宅勤務・テレワーク）**」などがあります。その他にどのような施策が有効かを考えてみましょう。

✏ **キーワード**

高齢者
年齢が65歳以上の人を指す。特に、75歳以上は後期高齢者と呼ばれる。介護を必要とする人の割合が高く、健康の増進が求められる。

💡 **考え方のヒント**

働く意欲があるのに就労していない人は、**どのようなことが原因で働けずにいるのか**を考えてみましょう。

💡 **考え方のヒント**

自動化と効率化を進めるうえでは、**AI や ICT の導入**が鍵となります。どのような分野で活用できるかを考えてみましょう。

られます。そのため、機械やシステムを導入して作業を自動化し、業務を効率化していくことが重要です。たとえば、医療や介護の現場で、病気の診断にAIを活用したり、**考え方のヒント介護ロボットを取り入れたりすることが考えられます**。これにより、少ない人員で多くの患者や利用者に対応できるようになります。

この他、列車、バス、タクシーなどを自動運転することや、定型的な書類の作成をAIに行わせることも、自動化・効率化の一例です。

3つ目は、医療や介護、年金などの費用を、国民全体で負担することです。そのためには、税金や保険料、窓口負担などの国民負担を増やすことも考えなければなりません。ただし、低所得者や中間層の人々に影響が及ぶ可能性があるため、社会的に **公平な負担** のあり方を考える必要があります。

地方の活性化

人口減少は、都市部ではまだ緩やかな進行にとどまっていますが、地方では加速しています。人口減少が進むことで地方に生じる問題として、**限界集落** の増加や空き家の増加が挙げられます。住む人が減り、集落そのものの消滅が避けられない状況にあります。また、空き家が増えることで、景観の悪化や防犯面の不安が生じる恐れがあります。さらに、農業や林業などの地域産業が衰退することで、地方経済に悪影響を及ぼすことも考えられます。

地方の活性化策の1つとして、**企業誘致** が挙げられます。工場、事業所などを誘致することで地方に新しい雇用を生み出し、定住者を増やすことができます。

また、最近では **テレワーク** が広がっており、地方に住みながら大都市の企業で仕事ができるようになっています。

6

考え方のヒント

介護現場でロボットを導入するメリットを、介護者と利用者の両方の側面から考えてみましょう。

キーワード

公平な負担

国や自治体が政策を実行するために必要なお金は、税金や社会保険料などの形で国民から集められる。このとき、低所得者と高所得者を同じ税率にして徴収すると、低所得者の暮らしが一層苦しくなる。社会的に公正な負担とは、誰がどういう割合で負担するのが適切なのかを考えることである。

キーワード

限界集落

高齢者の割合が半数以上となっている集落のことで、若い世代がおらず、共同体の維持が困難になっている。なお、限界集落は地方ばかりとは限らない。大都市圏の古い団地などでも、高齢化が進んでいるところがある。

キーワード

企業誘致

地域に企業を誘致すること。雇用の創出や税収の増加を通じて地域経済を活性化することができる。

これによって、豊かな自然の中で暮らしたいと考える人たちが、仕事を辞めずに地方に移住できるようになっています。

農業の支援も地方の活性化策の１つです。たとえば、その地方の特産品を作って販売することはすでに行われていますが、インターネットなどを通じてより多くの人に販売することができれば、農家も活気づきます。

地方には、その土地独自の魅力があります。それをいかして、_{考え方のヒント}💡**移住者だけでなく、交流人口を増やすこと**も大切です。たとえば、農業の体験ができる「農家泊」を始めれば、都会からの旅行客が増える可能性があります。他にも、焼き物や漆器などの伝統工芸品づくりが体験できるツアーを企画して観光客を集めることが考えられます。近年では、訪日外国人が増えており、こうした人たちをいかに地方に呼び込んでいくかも、地方の活性化を考えるうえでの課題です。

農業の活性化

農家の高齢化により、農業は衰退しています。しかし、食料は国民生活に不可欠なものであり、その安定的な生産は安全保障のうえでも重要です。このため、農業人口を増やすことや、農業の生産性向上、休耕地の有効活用、農業所得の向上などが求められています。

農業人口を増やすためには、_{考え方のヒント}💡**若い世代に農業に参入してもらうこと**が非常に重要です。農業は、土地や栽培ノウハウ、農業機械がないと始められないため、新規参入が難しい分野です。そこで、休耕田を安く貸し出す仕組みを作ることや農業の技術指導を充実させることが必要です。さらに、必要な資金を低利で融資したり、助成したりすることも求められます。

_{考え方のヒント}💡**日本の農業は小規模である**ため、生産性向上も大きな課

✏️ **キーワード**

テレワーク
「tele＝離れた場所」＋「work＝仕事」の造語で、オフィスに集まることなく、インターネットなどを利用して遠隔地で仕事を行う働き方のこと。「リモートワーク」とも呼ばれる。

💡 **考え方のヒント**

地方への移住者を増やす取り組みとして、移住希望者に、地方での生活を体験する機会を提供したり、現地での交流の場を提供したりすることが行われています。他にどのようなことがあるか考えてみましょう。

💡 **考え方のヒント**

若い世代が農業に参加するにあたって、**現状の問題点**を把握し、**それらの問題を解決する取り組み**を考えてみましょう。

💡 **考え方のヒント**

農業の規模が小規模であることで、どのようなデメリットがあるでしょうか。またそれを解決するにはどうしたらよいのかを考えてみましょう。

題です。近年では、IoT の積極的な活用やAI などの新しい技術を取り入れた農業が注目されています。たとえば、IoT 機器で気温や湿度などのデータを収集し、AI が最適な水の散布量を計算したり、ドローンが自動的に農薬を散布したりするシステムなどがあります。このような技術を積極的に取り入れることによって、農業の生産性を向上させることが可能です。生産性が向上すれば農産物の価格も下がり、消費者のメリットにつながります。

　日本の農業における大きな変化として、農業の法人経営の拡大があります。日本の農業は、かつては個人経営の「農家」が中心でした。しかし、個人経営の場合、収入が不安定になりがちであることや、体調を壊したときに代わりの人がいないなどのデメリットがあります。企業が法人格をもって農業を営むことで、そこで働く人は、一般のサラリーマンと同様に会社から給料をもらい、安定した生活をすることができます。また、企業としての規模と組織力を生かして、生産効率の向上や、ノウハウの継承に取り組むことができます。

災害対策

　日本は四季折々の美しい自然に恵まれた国である一方、地震や台風、大雨、洪水、大雪、噴火などの自然災害が多発する国でもあります。このため、国民 1 人ひとりが災害に対して備えておく必要があります。特に、首都直下地震や南海トラフ地震は、いつ発生してもおかしくないと言われています。これらの地震は、ひとたび発生すれば甚大な被害を引き起こすことが予想されるため、地震に対する万全な備えが求められます。

　災害対策というと、地方自治体や国による取り組みをイメージしがちですが、災害対策は、自助・共助・公助の 3 つが基本になります。

 キーワード

IoT

Internet of Things の略。パソコンやスマートフォンなどの通信機器にとどまらず、家庭内の電化製品や自動車、産業用の機械などあらゆるものがインターネットでつながること。新しいサービス、仕事の効率化などにいかすことができる。

 キーワード

AI

Artificial Intelligence の 略で、人工知能を意味する。コンピュータが自動で学習し、翻訳や文章作成など、人間と同じような知的能力を持ちつつある。

 キーワード

首都直下地震

東京やその周辺が震源となる大規模地震。内閣府の発表では、30年以内に70％の確率で発生し、最大で2万人以上の死者が出るとされている。

自助とは、「自分自身で備えて行動する」ことです。たとえば、1週間程度の食料や水を備蓄しておくことや非常持ち出し袋を準備しておくこと、避難場所を確認しておくことなどがこれにあたります。また、災害保険に加入しておくことも自助の1つです。企業であれば、大災害が起きたときに自社にどのような影響が出るのかを考え、事前に対策を打っておくことが自助になります。

共助とは、「周りの人との助け合い」のことです。たとえば、避難するときに地域住民がお互いに声をかけ合ったり、高齢者や障害者の避難に手を貸したりすることなどがこれにあたります。避難所で助け合って暮らすことも共助の1つです。自助に共助が加わることで、災害時に助かる確率がさらに高まります。

公助とは、「行政などの公的な機関による災害への備え・行動」のことです。たとえば、防潮堤や津波タワーの整備を進めることや避難所に食料を支給することがこれにあたります。被災者に仮設住宅を提供することも公助の1つです。行政には市民の生命・財産を守る責務がありますから、災害の事前と事後のどちらに対しても、万全の策を講じておく必要があります。

これら3つの要素が組み合わさることで、災害への備えが強固になります。一番大切なのは、考え方のヒント個人も企業も行政も、人任せにするのではなく主体的に考えて行動することです。

南海トラフ地震

静岡県沖から宮崎県沖の広い範囲を震源とした大規模地震。内閣府の発表では、30年以内に70％～80％の確率で発生し、最大で20万人以上の死者が出るとされている。

💡 考え方のヒント

災害時には公的な支援（公助）が遅れることがあります。日ごろの災害の備えや大きな災害が起こった際に、どのような自助・共助が可能かを考えてみましょう。

日本経済の低迷

日本の経済は、1990年代のバブル経済崩壊以降、長期にわたって低迷しています。GDPが伸び悩み、世界経済の中での存在感が小さくなっています。政府は、再び経済を成長軌道にのせるために、さまざまな政策を打ち出しています。

その1つは、脱炭素社会へ向けたグリーン分野への投資促進です。政府は2050年にCO_2などの排出を実質ゼロにする目標を掲げています。それに伴って、再生可能エネルギーやCO_2の回収技術の開発など、今後活発な投資が期待されます。この分野で、規制を緩和したり、助成金を支給したりして、成長を積極的に後押ししていくことが求められます。

また、デジタル分野も成長が期待されます。そのためには、デジタル人材の育成が欠かせません。政府は、大学に対して、旧来の学部・学科をデジタル分野の学部・学科に転換するように促しています。また、企業がデジタル技術への投資をする際に、助成金等を支給して後押しすることも取り組みの1つです。ビッグデータを活用した新しいビジネスや社会課題の解決も期待されます。

さらに、外国から優秀な人材を受け入れるための取組みも重要です。たとえば、高度な能力を持つ人材に対して、長期滞在や永住権取得を容易にすることがそれにあたります。外国人材の受け入れにより、💡**多様な文化的背景や価値観をもつ人が集まり、国内のビジネスが活性化することが期待されます**。

最後に、働き方改革も日本政府が重点的に取り組んでいる課題です。日本は長時間労働の傾向が強く、生産性が低いと言われています。外国と競争していくためには、短時間で高い成果を出せるような、生産性の向上が欠かせません。そのためには、ICTやAIなどを活用した、省力化・効率化の推進が重要です。

格差社会

　日本は昔と比べると経済的な格差が大きくなったと言われています。その理由としては、非正規雇用が広がったことやひとり親家庭が増えていることなどが考えられます。非正規雇用で働く人は、正社員との賃金格差が大きく、長時間働いても生活が楽になりません。また、十分な年金がない高齢者も、苦しい生活を強いられています。こうした貧困の問題を解決するために、行政やNPO、ボランティアなどによる教育支援や生活支援を進めていくことが必要です。

　たとえば、行政レベルでは、貧困家庭への教育費・学用品の支給などを行うことが考えられます。また、NPOやボランティアによる活動の1つに子ども食堂の運営があります。「子ども食堂」は、貧困家庭の子どもたちに、無料あるいは低価格で食事を提供しています。子どもに限らず、地域の人に広く食事を提供しているところもあります。さらに、フードバンクは、小売店などで売れ残った食材を必要とする人々に届けています。この他、塾などに通えない子どものために、学習支援のボランティアを行っている団体もあります。

　このように、行政レベルから草の根レベルまで、さまざまな支援の組み合わせが、貧困層の生活改善に貢献しています。しかし、経済格差の解消には、非正規雇用と正社員の格差の改善、最低賃金の引き上げなど、根本的な改革も必要となります。

子ども食堂

おもに経済的に苦しい家庭の子どもたちに食事を提供することを目的とした施設。無料または低価格で、食事を提供している。空腹を満たすだけでなく、人とのふれあいができるというよさもある。

フードバンク

賞味期限が近づいていたりパッケージに傷があったりするなどの理由で販売できない食品を小売店などから提供してもらい、必要な人に届ける活動や団体のこと。NPOやボランティアによって活動が支えられている。

💡 考え方のヒント

草の根レベルの支援としては、**不要となった衣料品や生活必需品を集め、必要とする人に提供する活動**などがあります。他に、どのような支援が必要か考えてみましょう。

11

外国人労働者・外国人旅行者の受け入れ

　日本では、人口減少や高齢化が進み、労働力不足が深刻化しています。こうした背景から、特定技能の在留資格制度が創設されるなど、外国人労働者の受け入れが活発になっています。

　その一方で、外国人労働者が日本で働き、生活するうえでの多くの問題が浮き彫りになっています。たとえば、低賃金、長時間労働など、劣悪な条件で働かされているケースがあります。また、外国人労働者の子どもが、日本の学校に通う際に、特別なフォローがなく、授業が理解できなかったり勉強についていけなかったりする問題が起きています。このため、放課後に日本語の授業を行うなどの支援が求められています。他にも、ごみの出し方などを巡って地域住民とトラブルになるケースがあります。転入時に、💡**外国人住民に対して生活のルールやマナーを伝えること**も必要となるでしょう。

　また、政府をあげて、✏**訪日外国人**を増やすことにも力を入れています。訪日外国人の増加は日本国内の消費、雇用を拡大することにつながります。その一方で、住民との軋轢も起きています。たとえば、京都では、観光客が増えることによって市内の混雑がはげしくなり、住民がバスに乗れないなどの問題が起きています。多くの人が集まることで、ゴミの散乱や迷惑行為など、地域への悪影響が懸念されています。もちろん、マナー違反をするのは外国人観光客に限ったことではありませんが、訪日客が急増したことで、✏**オーバーツーリズム**の問題が顕在化しています。

　これを解決するためには、観光客を中心部から郊外へ誘導したり、人気都市から地方へと誘導したりする取り組みが必要になります。また、外国人旅行客に対して、マナー向上を呼びかけたり、ツアー会社を通じて注意喚起してもらったりする取組みも求められるでしょう。

💡 **考え方のヒント**

外国人住民と日本人がお互いに理解し合い、気持ちよく生活するためにはどうすればよいかを考えてみましょう。

✏ **キーワード**

訪日外国人

日本を訪れる外国人のこと。2019年には3000万人以上の外国人が日本を訪れた。コロナ禍で一時落ち込んだが、2023年7月の訪日外国人客数は232万人となり、中国を除くとコロナ禍前の実績を上回った。旅行客は、宿泊、飲食、移動、ショッピングなどで活発に消費するため、地元経済への波及効果が大きい。

✏ **キーワード**

オーバーツーリズム

観光地への訪問客の過度な増加などによって、地域住民の生活や自然環境、景観等に対して悪い影響がもたらされることを指す造語。日本では「環境公害」とも呼ばれる。

働き方改革

　日本は、労働者の長時間労働や有給休暇が取りにくいなどの問題を抱えています。また、正社員と非正規社員で待遇に格差があるケースも見られます。こうしたことが少子化の一因にもなっています。さらに、💡民間企業での男性の育児休業取得はわずかであり、数年おきの転勤が当然とされる企業もあります。こうした点が、女性の社会進出や家庭と仕事の両立にマイナスの影響を与えています。

　しかし、新型コロナウイルスの感染拡大に伴い、テレワークが急速に広がりました。会社に出勤せず、自宅やカフェなど、好きな場所から仕事ができるという働き方は、労働時間を柔軟に設定することができ、通勤のストレスから解放されるなど、多くのメリットをもたらしています。
　このようなテレワークを活用した新しい働き方を、今後も広げていくことが、✏️ワーク・ライフ・バランスの改善につながると考えられます。

💡 **考え方のヒント**

男性の育児休業取得が少ない理由として、どのようなことがあるかを考えてみましょう。

✏️ **キーワード**

ワーク・ライフ・バランス
仕事とプライベートの時間のバランスを取ることで、生活の充実を図ること。

食品ロス

　💡近年、食品ロスが社会問題として取り上げられるようになってきました。食品ロスとは、食べられるのに捨てられてしまう食品のことを指します。農林水産省の資料によれば、日本では年間523万トンの食品ロスが発生しています。家庭からの廃棄に加え、小売、外食事業者からも大きな食品ロスが生じています。

　食品ロスを減らすためには、消費者が必要な分だけ買い物をすることが大切です。また、不要な食品をフードバンクに寄付することも、無駄な廃棄を減らすことにつながります。その他、飲食業や家庭で出る食べ残しを集め、専門の業者が加工して豚や鶏などの家畜の飼料として再利用するという例があります。

💡 **考え方のヒント**

自分自身の生活を振り返り、食品ロスを減らすために何ができるかを考えてみましょう。

13

環境問題

プラスチックごみ

　プラスチックは、耐久性・柔軟性・軽量性・透明性に優れ、廉価であることから、さまざまな製品に使われています。しかしその一方で、プラスチックは自然界で分解されにくく、そのまま投棄されると、ごみとして蓄積されてしまいます。特に、海洋に流れ出ていったプラスチックごみは、徐々に細かく破砕され、✎**マイクロプラスチック**となり、海中に漂うことになります。マイクロプラスチックを食べた魚を人間が食べることで、人体に影響を及ぼす可能性も指摘されています。

　💡**プラスチック製品の使用を減らす**ために、レジ袋の有料化やプラスチックストローの廃止などの取り組みが進められています。また、プラスチックごみの回収・リサイクルにも力が入れられています。

　しかし、プラスチックごみの完全排除を目指すことは困難であるため、自然界で分解されるプラスチックの開発も進められています。自然界で分解されるプラスチックは、生分解性プラスチックと呼ばれ、環境中で微生物に分解され、最終的に水や二酸化炭素に分解されます。

　以上のように、プラスチックごみの問題を解決するには、プラスチックの使用を減らすとともに、より環境に優しい素材への転換が必要となるのです。

✎ **キーワード**

マイクロプラスチック

５ミリメートル以下のごく小さなプラスチック片のこと。ペットボトルなどのプラスチック製品が波などで砕かれ、マイクロプラスチックとなる。また、化粧品や歯磨き粉に含まれるスクラブもマイクロプラスチックであり、自然界に流れ出している。

💡 **考え方のヒント**

プラスチック製品の使用を減らすとともに、**プラスチック製品を適切な方法で廃棄すること**も重要です。地域のルールに従い、リサイクル可能なものは分別して捨てます。プラスチックごみを減らすために自分自身ができることを考えてみましょう。

地球温暖化・気候変動

気候変動とは、地球温暖化によって引き起こされる大規模な気候の変化のことです。人間が石油や石炭などの化石燃料を消費し、大量の CO_2 を大気中に放出した結果、地球の CO_2 濃度は上昇を続けています。大気中の CO_2 は、地球の熱を宇宙空間に逃がさないようにする効果があるため、地球の気温は上昇しています。地球の気温が上がると、大気中の熱や水蒸気の流れが変化し、一部の地域で干ばつが起きたり、逆に大雨が降ったりなど、気候が乱れることになります。

気候変動の影響は多方面に及びます。まず、巨大台風や豪雨などによる自然災害が頻発することが挙げられます。また、熱中症になる人が増えたり、熱帯地方の蚊が媒介する病気が他の地域にも広がったりするなど、健康被害も増えます。さらに、南極や北極などにある氷が溶け始めると、海面が上昇して沿岸部が水没するため、多くの人が住む場所を奪われます。干ばつなどで農業生産が低下し食糧不足が起きることも懸念されます。

🔔考え方のヒント 地球温暖化の進行を抑えるためには、再生可能エネルギーの導入が欠かせません。太陽光、風力、水力、地熱などの再生可能エネルギーは、発電時に CO_2 を排出しないため、地球温暖化対策として有効です。また CO_2 を回収し、地中に閉じ込める ✏️キーワード CCS(二酸化炭素地中貯留)という技術も、研究が進められています。

さらに、植林事業への取り組みも必要です。植物は光合成によって CO_2 を吸収するため、森林を広げることは温暖化対策になります。

このように、さまざまな対策を組み合わせることで、少しでも温暖化の進行を遅らせることが求められています。

💡 考え方のヒント

地球温暖化の進行を抑えるために、自分自身にできることは何か、考えてみましょう。

✏️ キーワード

CCS(二酸化炭素地中貯留)

工場や発電所などから排出された CO_2 を、地下の岩盤層などに貯留する技術のこと。実用化に向けた研究が進められている。

再生可能エネルギー

再生可能エネルギーとは、💡自然の力を利用し、繰り返し生産できるエネルギーのことです。太陽光、風力、水力、地熱などがその例です。

現在のエネルギーの主役となっている石油、天然ガス、石炭は、燃やしてしまえばそれで終わりで、なおかつ、CO_2 を排出します。また、日本はこうしたエネルギーのほぼすべてを海外からの輸入に依存しています。国際紛争などの影響で輸入が止まれば、国民生活が成り立たなくなってしまうため、エネルギーの安全保障という面からも不安があります。

これに対して、太陽光、風力、水力、地熱などは半永久的な利用が可能で、発電時に CO_2 も排出しないことから、積極的な活用が求められています。エネルギーを国内でまかなえることから、安定供給ができる点も強みです。

資源エネルギー庁の「エネルギー基本計画の概要」によれば、日本の発電量に占める再生可能エネルギーの割合は18％ですが、様々な課題を克服すれば2030年度には36〜38％に達するという見通しが示されています。

一方で、💡再生可能エネルギーを導入する際には、周辺環境への影響も考慮しなければなりません。たとえば、風力発電や大規模な太陽光発電所を建設すると、周辺の景観を損なう可能性があります。また、森林を伐採して建設すれば、生態系への影響も懸念されます。そのため、導入にあたっては、十分な調査のうえ、最適な工法を検討することや、周辺住民の理解を得ることが必要になります。

💡 考え方のヒント

身近な所にある太陽光、風力などの再生可能エネルギーを例にとって、普及へ向けた課題を考えてみましょう。

💡 考え方のヒント

再生可能エネルギーはよい面ばかりではありません。景観の悪化以外にも、ダム建設で立ち退きを迫られることがありますし、地熱発電が温泉の枯渇につながるのではないかという懸念もあります。関係者の利害をどのように調整すればよいかを考えてみましょう。

3

学部を問わず
出題されやすいテーマ

グローバル化（グローバリゼーション）

　「グローバル化」とは、国境を越えた人や物の行き来が活発になり、地球が一体化している状況を指します。**グローバル化が進み**、多くの日本企業が海外での生産や販売などを行うようになりました。また、外国企業も日本に積極的に進出しています。街を歩けば、外国系の企業の看板や製品がいくらでも目につきます。

　個人のレベルでも、毎年多くの外国人旅行客が日本の各地を訪れています。人気の観光地では、さまざまな国の言葉が飛び交っていますね。カフェや電車の中で、日本人と外国人旅行客が会話をしている場面を見かけることがあります。

　一方で、グローバル化には、負の側面も指摘されています。たとえば、豊かな国の企業が貧しい国に進出し、現地の人々を低賃金で働かせているのではないかという指摘があります。また、現地の環境を破壊して生産が行われることに対する懸念もあります。**儲けるために発展途上国の人を犠牲にしているのであれば、企業倫理が問われます。**

　このような問題の解決策の1つとして、**フェアトレード**という仕組みが生まれています。フェアトレードとは、「公正な貿易」を意味します。たとえば、コーヒーやナッツなどが現地の労働者の人権や環境などを守って生産されているかどうかを調べ、基準を満たした商品を認証機関が「フェアトレード製品」として認証し、ラベルをつける取り組みも広がっています。

考え方のヒント

身近なところで感じるグローバル化の例を挙げ、自分の生活や、考え方にどのような影響を与えているか考察してみましょう。

考え方のヒント

発展途上国の人々の生活や環境を加害する立場にならないために、自分自身にできることは何かを考えてみましょう。

キーワード

フェアトレード
発展途上国の原料や製品を適正な価格で継続的に購入することを通じて、発展途上国の生産者の経済的な自立を目指す運動のこと。

異文化理解

💡**異文化とのふれあい**は、自己の価値観、常識を揺るがし、新しい発見や気づきをもたらします。

　たとえば、フランスのベルサイユ宮殿に行くと、そのスケールに圧倒されます。広大な庭園は幾何学的な模様でデザインされており、人工的な美の極地です。一方で、日本の枯山水の庭園は、狭小なスペースに自然美を表現するもので、ベルサイユ宮殿の庭園とは真逆の美学をもつものです。

　このように、外国の文化に触れることで、自国の文化との違いに気づき、視野が広がります。

　今後、異文化をもつ人と交流する機会がますます増えるでしょう。異文化をもつ人とは、考え方や習慣の違いから、時に対立も生まれるかもしれません。異文化をもつ人の考え方を理解するためには、その背景にある歴史を知っておくことが必要です。たとえば、アメリカは銃社会として知られ、毎年何万人もの人が銃で亡くなっていますが、銃規制は進展していません。アメリカでは憲法によって銃を持つ権利が認められており、自分の身は自分で守るという建国以来の伝統があります。自由や自立を尊ぶ国民性もあり、銃規制の強化の声は何度も退けられて今に至っています。日本人の感覚からすれば信じがたい面がありますが、そのような背景を知っていれば、なぜそういう考え方をするのかを理解することができます。

　世界がグローバル化する中で、異文化とのふれあいは、今後ますます重要になるでしょう。このような時代においては、自分が持っている💡**固定観念**や偏見を捨て、相手の文化を理解し、尊重することが求められます。グローバル化の中で生きていくには、相手の文化に影響を受けながらも自分自身の💡**アイデンティティ**をもち続けることが必要となるでしょう。

💡 考え方のヒント

自分が関心をもっている国の文化・習慣・考え方などが日本とどう異なっているかを挙げ、なぜそのような違いがあるのかを考察してみましょう。また、自分はどちらに心がひかれるか、それはなぜなのかについても考えてみましょう。

✏️ キーワード

固定観念
容易には変わらない、こり固まった考えのこと。

✏️ キーワード

アイデンティティ
自分は何者なのかという意識。異文化理解においては、自分がどのような文化や価値観、生活様式の中にいるかを意識することである。

社会の分断

アメリカの 🖊保守層 と 🖊リベラル層 との対立は、近年、一段と深刻になっていると言われます。人工妊娠中絶や同性婚などをめぐって、両者は激しく意見が対立しています。対立が先鋭化し、議論さえ成り立たなくなることもあります。

このような社会の分断は、アメリカだけでなく他の国や地域でも見られるようになっています。たとえば、ヨーロッパでは移民の受け入れなどをめぐって、意見の対立が深まっています。また、イギリスでは EU 離脱派と残留派の意見が激しく対立し、最終的にイギリスは EU を離脱しました。

💡世界全体で見れば、アメリカを中心にしたグループと、中国を中心としたグループの対立もあります。 これは経済や安全保障などがからむ問題で、溝は容易に埋まりそうにありません。

しかし、たとえ意見が対立しても、相手とのコミュニケーションを閉ざしてしまってはいけません。なぜ相手はそのような考え方をするのかをよく聞き、また、自分自身はなぜこういう考え方なのかを丁寧に説明することが大切です。それでも、意見は対立するかもしれませんが、コミュニケーションを取り続け、少しずつでも相手を理解していく必要があるのです。

 キーワード

保守層

伝統的な価値観、家族観などを重視する立場。アメリカの保守層は小さな政府を志向し、銃規制についても反対の立場の人が多いとされる。

 キーワード

リベラル層

リベラルとは本来、「liberal ＝自由な」という意味であるが、政治的な意味では、一般に個人の自由や権利を重視する立場の人を指す。アメリカのリベラル層は、気候変動への対応や、LGBTQ＋の権利などに関心が高いとされる。

💡 考え方のヒント

日本国内ではどのようなことについて意見の対立があるでしょうか。また、それに対して自分自身はどういう意見をもちますか。考えてみましょう。

SDGs（持続可能な開発目標）

SDGs とは、Sustainable Development Goals（＝持続可能な開発目標）の略で、2015年に国連で定められた行動計画です。全部で17の目標から構成されています。それぞれの目標の概要は、以下の通りです。

参考　外務省ウェブサイト
　　https://www.mofa.go.jp/mofaj/gaiko/oda/sdgs/pdf/000101402.pdf

1 **貧困をなくそう**（あらゆる貧困を終わらせる）

2 **飢餓をゼロに**（飢餓を終わらせ、持続可能な農業を促進する）

3 **すべての人に健康と福祉を**（人々の健康的な生活を確保し、福祉を促進する）

4 **質の高い教育をみんなに**（すべての人に公平で質の高い教育を提供し、生涯学習の機会を促進する）

5 **ジェンダー平等を実現しよう**（ジェンダー平等を達成し、すべての女性と女児の　キーワード　✎**エンパワーメント**を図る）

6 **安全な水とトイレを世界中に**（すべての人の安全な水へのアクセスと衛生環境を整える）

7 **エネルギーをみんなに　そしてクリーンに**（すべての人が安価で近代的なエネルギーを利用できるようにする）

8 **働きがいも経済成長も**（持続可能な経済成長と人間らしい雇用を促進する）

9 **産業と技術革新の基盤をつくろう**（強靭なインフラ構築と持続可能な産業化を促進する）

10 **人や国の不平等をなくそう**（国内および国家間の不平等を是正する）

11 **住み続けられるまちづくりを**（安全かつ強靭な都市と住宅を実現する）

12 **つくる責任　つかう責任**（持続可能な生産と消費形態を確保する）

13 **気候変動に具体的な対策を**（気候変動に立ち向かうため、緊急対策を取る）

14 **海の豊かさを守ろう**（海洋と海洋資源を保全し、持続可能な形で利用する）

15 **陸の豊かさも守ろう**（陸上の生態系・森林を保護し、砂漠化に対処する）

16 **平和と公正をすべての人に**（平和な社会を促進し、すべての人に司法へのアクセスを提供する）

17 **パートナーシップで目標を達成しよう**（目標達成へ向け実施手段を強化し、グローバル・パートナーシップを活性化する）

 キーワード

エンパワーメント

もともとは権限付与という意味だが、力をつけ、自信をもたせるという意味でも使われる。

💡 **考え方のヒント**

自分が関心をもった目標を取り上げ、どのような課題があり、どうすれば解決できるかを考えてみましょう。また、日本で特に重要だと考える目標は何かを考え、解決へ向けての方策を考えてみましょう。

💡**SDGs には人類が抱えるあらゆる課題が盛り込まれています**。これらの目標は2030年までの達成を目指しています。

メディアリテラシー

　リテラシーとは、「読み書きの能力」と訳されます。そこから派生して、メディアリテラシー、IT リテラシー、金融リテラシーといった言葉が生まれました。メディアリテラシーとは、メディアからあふれる情報を、的確に読み取り、活用していく能力のことです。

　私たちは、ネットのニュースや **SNS** などを通じて、毎日大量の情報に触れています。中には不確かな情報や **フェイクニュース**もあります。コロナ禍の折には、マスクの効果やワクチン接種のリスクに関してさまざまな情報が流れました。大量の情報の中から、どうやって正しい情報を見つけていくか、私たちのメディアリテラシーが問われています。

　そのためには、特定の情報源だけに接するのではなく、ネット、新聞、テレビなど様々な情報に触れて真偽を見極めることが重要となります。その際に大切なことは、「この情報は、誰がどういう意図で発信しているのか」をよく考えることです。特定の考えに誘導しようとしていないか、自分の利益のために流している情報ではないか、などを考えます。また、「他のところから流れている情報とどう違うのか、それはなぜなのか」も考えるようにしましょう。

　さらに、自分だけで考え込まず、周りの人と話し合うことも重要です。気になったことは、友人、家族、学校の先生などと話し、他の人の意見も聞いてみましょう。

　自分が情報を発信するときも注意します。一度ネット上で情報を発信すると、あとから取り消すことは困難です。不確かな情報ではないか、誰かを傷つけていないかなどをよく考えます。メディアリテラシーを身につけることは、自分自身や周りの人を守るためにも必要なことです。

🖊 キーワード

SNS

Social Networking Service の略。インターネット上で他者とコミュニケーションをとるためのサービスを指す。代表的なものに、Facebook、Instagram、TikTok、X（旧 Twitter）、LINE などがある。

🖊 キーワード

フェイクニュース

インターネット上などで流される、偽の情報のこと。これらが意図的に拡散されれば、人々が誤った判断をする可能性がある。政治的なフェイクニュースの場合は、有権者の投票行動に大きな影響を与える可能性もある。

文学・古典・歴史・哲学などを学ぶ意義

　法学、経営学、薬学、農学など、実社会で役に立つ「実学」に対して、文学、古典、歴史、哲学などの学問分野は、「虚学」と呼ばれることがあります。社会の中ですぐに役に立つものではないため、**学ぶことにどういう意義があるのかという問いかけがよくなされます**。近年は、実学系の学部・学科が人気を集めていることもあり、虚学は存在意義を問われています。

　文学・古典・歴史・哲学などは、人間は何を考え、どのように歩んできたのかという人間のあり方そのものを明らかにするものです。広い意味での教養であり、「人類の知の集積」です。日常生活ですぐに役に立つようなものではありませんが、社会が大きく変わるとき、あるいは自分が人生の岐路に立ったときなど、危機や転機において役立つものです。

　たとえば、科学の進歩によって新しい技術が次々に生まれています。遺伝子操作、クローン技術、代理出産などが現実のものとなっています。研究を無制限に許せば、歯止めがきかなくなります。どこまでが許されてどこからは許してはいけないのか、科学技術とはどうあるべきなのか、そもそも人間とは何なのかを、立ち止まって考えることが求められています。そのような場面で、人間とは何か、どうあるべきなのかを問いかけてきた哲学や倫理学などが必要とされます。

　また、世界では紛争が絶え間なく起き、大国の間では政治的、経済的な対立が深まっています。なぜこのような世界になったのか、人類はこれからどうすべきなのか、その答えを見いだすには歴史を学ぶ必要があります。

　身近なところでは、書店に行くと、ビジネスパーソン向けに論語や孫子などを解説した本がたくさん並んでいます。文学・古典から、生き方やビジネスのヒントを見いだそうとする人は少なくありません。

　このように、**文学・古典・歴史・哲学などは、過去の人類の知恵に学び、私たちがこれから進むべき方向を見いだすという意味で役立つものです**。そうした人類の知を学問として体系化しておくことは無駄ではありません。

💡 考え方のヒント

自分の学ぼうとする学問分野は、どのような意味で存在意義があるのかを考えてみましょう。

💡 考え方のヒント

グローバル化が進む中で、外国の人々とつき合っていくには、広い意味での教養が求められます。たとえば欧米人との会話の中で、シェークスピアや聖書の中の一節が出てくることがあります。また、日本の文学や歴史について聞かれることもあります。相手の国の歴史や文化などを知るとともに、自国の文学や歴史についても理解を深めておきましょう。

学校現場が抱える課題

　不登校、いじめ、虐待が疑われる子どもへの対応など、学校現場は多くの課題を抱えています。近年、注目されているのは「ヤングケアラー」です。ヤングケアラーとは、親が病気などのため、家族の介護や家事などを引き受けざるを得ない子どもたちのことです。親に代わって買い物や掃除などの家事をしたり、病気や障害のある家族の世話をしたりしています。このような仕事に多くの時間を割かなければいけないため、学習や遊びにあてる時間がなく、子どもらしい時を過ごすことができません。進学に支障が出る場合もあります。ヤングケアラーはまだ実態がよくわかっていないこともあり、今後の調査や研究が求められます。

　ヤングケアラーは家庭内の問題であるため、教員にできることには限界があります。ただし、学習の遅れが見られる、精神的に追い込まれているなど明確なサインがある場合は、教員の側からの声かけや相談などの関与が求められます。
　教員1人で対応することは困難であるため、他の教員やスクールカウンセラーなどに相談することが必要になります。
💡 **場合によっては、行政の窓口に相談するなど、十分な連携のもとに解決していくことが求められます。**

💡 **考え方のヒント**

ヤングケアラーに対して、学校、および行政は、どのような支援ができるか考えてみましょう。

部活動のあり方の見直し

　日本の学校教育において、部活動は非常に重要な役割を果たしています。多くの生徒が部活動に参加し、そこでの経験を通してさまざまなことを学び、自己実現ができます。しかし、教員の長時間労働や生徒の過度な負担など、問題も抱え

ています。

近年、部活動における問題点が指摘され、改革が求められています。教員の長時間労働を解消することを目的に、外部のコーチに指導を委託することなどが行われています。

また、部活動に休養日を設けることも、改革の１つとして注目されています。現状では、平日、休日を問わず、長時間にわたって部活動が行われることがあるため、生徒の健康面や学業への影響が懸念されます。定期的に休養日を設けることで、生徒が十分な休息を取ることができるようになります。

さらに、部活動に強制加入させないことも、改革の方向性として示されています。部活動への参加が必須となっていると、生徒たちは自分の希望や適性に合わない部活動に参加せざるを得なくなってしまいます。生徒自身が自発的に部活動への参加を決めることができるようになれば、より充実した学校生活を送ることができるようになります。

これらの改革を進めて、よりよい環境で部活動が行われるようにしていくことが求められています。

体罰

体罰は、学校教育法によって禁じられています。しかし、現実には体罰が起こることがあり、刑事事件として扱われることもあります。軽微なものから重大な事件まで、あらゆるレベルでの体罰が存在しています。

「自分も昔こういう指導を受けたから、子どもたちにも同じように指導する」というのは、体罰を正当化する理由にはなり得ません。科学的な指導方法を用いない、「根性論」に基づいた指導は体罰容認の温床になります。

改善のためには、教員の意識改革が必要です。教員は、

自分の学校の部活動の問題点は何かを考え、解決に向けてどうしたらよいか案を出してみましょう。

✏️ キーワード

学校教育法
初等教育から高等教育まで、教育の目的や学校の人員配置等について定めた法律。

部活動の指導にあたって、スポーツ科学や教育心理学などを学び、科学的な指導方法を用いることが求められます。また、学校外のコーチを入れることで、多様な指導方法が導入されることが期待されます。

学校現場には、体罰を防止するために問題の早期発見・通報体制を整えることや、教員の指導力を向上させることが求められています。体罰をなくして子どもたちが安心して学べる学校環境を整えることが必要です。

💡 **考え方のヒント**

スポーツ科学や教育心理学を学ぶこと以外にも、**児童生徒の「人権尊重」の視点を持つこと、コミュニケーション能力の向上を図ること、教員自身がストレスをためないためのメンタルケア**などが、体罰防止に有効であると考えられます。

教育現場における ICT の活用

 ICT の発展により、教育現場でも様々な ICT ツールが普及し、教育の質の向上に貢献しています。

オンライン学習プラットフォームの導入により、教員は教材をアップロードし、生徒は動画やテキスト、クイズなどを通して自己学習を進めることができます。教員側も生徒ごとに進捗状況を確認し、個別に指導することが可能です。また、地理的な制約がなくなるため、どこに住んでいても質の高い講義を受けることができる点も魅力的です。

さらに、ICT を活用することにより、今までになかった新しい学習が可能になります。たとえば、他の学校と通信で結び、共同で授業を行ったり、生徒同士で意見交換をしたりすることです。他にも、VR 技術を活用し、古代の街の様子をリアルに体感するといったことも可能になります。

ただし、ICT を教育現場で活用するためには、教員にそれを使いこなすだけのスキルが必要となります。ICT を苦手とする教員もいるため、研修制度を充実させるなどの取り組みが必要です。

📝 **キーワード**

ICT

Information and Communication Technology（情報通信技術）の略。パソコンやスマートフォンなど、コンピュータを使った情報処理・通信技術のこと。大量のデータ処理や遠隔地との通信が容易であるため、社会のあらゆる分野で活用が広がっている。学校現場でも生徒にタブレット端末を配布し、授業で活用されている。学習の効率化などが期待される。

教員の労働環境

　日本の教員は通常の授業に加え、生徒指導、部活指導、保護者対応など、多岐にわたる業務があり、長時間労働が問題となっています。

　そうした労働環境を嫌ってか、近年は公立学校教員の採用試験の倍率が低下しています。やりがいだけに頼っていては、なり手がいなくなってしまいます。このため、国も教員の給与や、業務負担のあり方についての検討を始めています。

　💡**教員の業務負担軽減に関しては、さまざまな案が考えられます。** たとえば、子どもたちの登下校に関する対応は、地元のボランティアにお願いすることができるでしょう。また、部活動の指導を専門の指導者に委託する、クラスに支援が必要な子どもがいる場合は支援員をつけるなどの取組みが考えられます。

　このような取組みはすでに始まっていますが、教員の負担軽減に向けて本腰を入れる必要があります。

💡 **考え方のヒント**

教員の働く環境を改善するために、他にどのような取り組みができるかを考えてみましょう。

教育の格差問題

　💡**教育格差**とは、生まれた環境によって子どもの教育水準が左右される問題を指します。たとえば親の収入が低いと、その子どもは学費の問題から進学を諦めなければいけない場合があります。また、教材を買ってもらうことや、塾などに通わせてもらうことが難しいため、他の子どもとの学力の差が開く可能性があります。進学ができないと、将来就ける職業が限られてしまいます。

　また、地方に住む人と教育環境の整った都市部に住む人の間では、教育格差が生まれることがあります。ただし、近年はインターネットを活用したオンライン学習サービスが登場しています。これらを活用することで、場所の面での格差はある程度解消が可能です。

💡 **考え方のヒント**

教育格差を改善するために、行政や社会はどうしたらよいかを考えてみましょう。

5 医療・福祉系の学部で出題されやすいテーマ

健康寿命

　国民の平均寿命が伸びる一方で、**健康寿命**との差があることが問題視されています。健康寿命とは、日常的に医療や介護に頼らずに暮らせる期間のことで、わかりやすく言い換えると「元気に過ごせる期間」のことです。現状では、平均寿命と健康寿命には10年程度の差があります。この差が大きいと、本人の幸福感に影響を与えることはもちろん、国民の医療・福祉費の負担が大きくなります。

　健康寿命を延ばすためには、個人の努力が大切なことはもちろんですが、行政などからの働きかけも欠かせません。たとえば、健康診断の受診を勧奨することで、病気の早期発見・早期治療につなげることができます。あるいは、高齢者向けの体操教室を開くことで、健康増進や転倒予防につながります。また、食生活の改善を呼びかけることで、生活習慣病の発症を減らすことができます。

　地域コミュニティの活動も健康寿命を延伸することに貢献できます。たとえば、ゲートボール大会やグラウンドゴルフ大会などを開催することで、高齢者が外出する機会が増えます。仲間と触れ合うことで、身体的な健康だけでなく、精神面での健康増進にもつながります。このような取り組みを進め、生涯を通して健康でいきいきとした人生が送れるようにしたいものです。

考え方のヒント

平均寿命と健康寿命はどう違うのか、なぜ健康寿命を延ばすことが大事なのかをまとめてみましょう。また、健康寿命を延ばすための方策を、他にも考えてみましょう。

尊厳死

　尊厳死とは、一般的には、不治の病にかかり回復の見込みがなくなったときに、本人の意思により延命治療を選択せず、自然な最期を迎えることです。医療技術の進歩によってさまざまな延命治療が可能になっていますが、病気の末期の場合は回復の見込みがないうえに、治療内容によっては本人が非常に苦しい思いをするため、延命治療をしない選択肢があるべきだと考えられています。

　病気が進むと、患者本人が意思表示できない場合もあるので、事前に周りの人と話し合い、書面等で意思表示をしておくことが望まれます。近年では、**✐アドバンス・ケア・プランニング（ACP）**といって、患者、家族、医療従事者が、どのような治療方針を望むのかを話し合うことも勧められています。患者や家族の考えは変わりうるため、一度結論が出たら終わりではなく、定期的に話し合いが持たれます。このような準備をしておくことで、いざというときでも、本人の意思を尊重した、その人らしい最期を迎えることができます。

　なお、「安楽死」は、病気で苦しむ人に薬剤等を注入して積極的に死に導くようなことを意味します。仮にそれが本人の意思であったとしても、日本では認められていません。

チーム医療

　チーム医療とは、患者を中心に医師、看護師、薬剤師など、治療に携わるスタッフをチームとしてとらえ、互いに連携し合って医療を行うことです。

　かつては医師を頂点としたピラミッド型のチームのイメージでしたが、チーム医療は、患者を中心にした円形のチームのイメージです。チーム医療は、**✐患者中心の医療**にも貢献するものです。

✐ キーワード

アドバンス・ケア・プランニング（ACP）

人生の終末期に向けて、自分自身が望む医療やケアなどを、患者本人や家族、医療従事者などが話し合い、事前に計画を立てること。厚生労働省によって「人生会議」という愛称がつけられ、啓発活動が積極的に行われている。

💡 考え方のヒント

患者中心の医療とは、患者の思い、ニーズを中心に据え、最適な医療を提供することです。患者中心の医療を実現するために、医療従事者にはどのようなことができるか考えてみましょう。

ピラミッド型のチームでは、医師に指示されたことをやるという受け身の姿勢に陥る可能性がありますが、チーム医療では、それぞれの医療スタッフが患者の治療に対して積極的に意見を述べ、かかわっていくことが求められます。看護師、薬剤師などの医療スタッフは、それぞれの分野の専門家としての自覚を持つことが重要です。たとえば、カンファレンスの場で自分の考えを積極的に発言するなどして、よりよい治療のために貢献することが求められます。そのためには、日々勉強を積み重ねて、自分自身の知識や経験を高めていくことが必要です。

臓器移植

　臓器移植は、心臓、肺などに重い疾患を抱えている人に、他の人の臓器を移植する治療です。心臓や肺などは、事故などで脳死と判定された人から提供されます。脳死とは、脳全体の機能が停止した状態で、脳の働きが元に戻ることはありません。人工呼吸器をつけることで、しばらくは心臓が動いている状態を保つことができます。腎臓、膵臓などの臓器は、心臓が停止した人も含めて提供することが可能です。

　日本では臓器の提供者の数が少ないという問題があります。移植を待っている間になくなってしまう人も少なくありません。このため、海外の病院で移植をする人もいます。
　1人でも多くの命を救うためには、💡考え方のヒント**臓器移植の問題について国民に広く知ってもらい、万一のときに臓器を提供するかしないかの意思表示をしてもらう**ことが大切になります。身近なところでは、運転免許証の裏側に臓器提供の意思表示をする欄が設けられています。臓器を提供するかしないかはその人の意思次第です。多くの人が意思表示をしておけば、その意思がいかされ、臓器提供の件数も増えると考えられます。

💡 考え方のヒント

毎年10月は「臓器移植普及推進月間」と定められており、全国でさまざまなイベントが開催されます。たとえば、臓器移植に関する講演会やシンポジウムなどが行われ、臓器移植についての正しい理解へ向けた啓発活動が行われます。臓器提供の意思表示をする人を増やすには、他にどのような施策が必要かを考えてみましょう。

QOL

医療や介護の現場では、本人の📝**QOL** を維持・向上できるような、治療やケアが求められています。

たとえば、薬の副作用は、QOL を大きく左右します。副作用が強い薬は、仕事や生活に支障が出てしまいますが、そのぶん治りは早いでしょう。一方で、副作用の弱い薬は、治療に時間はかかるかもしれませんが、仕事や生活を今まで通りにすることができる場合が多いです。どちらの薬を使うのかは、本人の考え方次第です。

これは、薬だけの問題ではありません。病気になったときに、設備の整った病院で治療を受けるのか、それとも在宅治療を選択するのかも、その1つです。病気の種類や重さ、本人の年齢などによって、選択は大きく異なります。

医療者が本人と十分なコミュニケーションを取って、1つひとつの選択について、本人の QOL に対する考えを尊重したうえで、治療やケアを行うことが大切です。

また、💡**QOL を維持・向上させるためには、周りの人とのつながりを保つことも重要になります**。たとえば、高齢者にとって、家族や地域社会との交流が QOL を高めると考えられます。そのため、高齢者が自宅で暮らせるように、在宅医療や介護の充実などに取り組むことが求められています。

✏️ キーワード

QOL

Quality of life の略で、生命や生活の質という意味。高齢化が進む現代の日本においては、単に生きることだけでなく、充実した人生を過ごすことや自分らしさを保って暮らすことが重要視されるようになってきている。

💡 考え方のヒント

高齢者が地域社会に参加し、自己実現や社会貢献をすることで、**生きがいや意欲が高まり、QOL 向上につながる**ことがあります。地域のイベントやボランティア活動などに参加する機会を増やすためにどのような取り組みができるかを考えてみましょう。

SAISOKU
GOUKAKU

別冊
頻出テーマ・キーワードブック